孩子的幸福比优秀更重要

樊祖安◎著

中国商业出版社

图书在版编目（CIP）数据

孩子的幸福比优秀更重要 / 樊祖安著. -- 北京：中国商业出版社, 2022.1
ISBN 978-7-5208-1995-4

Ⅰ. ①孩… Ⅱ. ①樊… Ⅲ. ①家庭教育 Ⅳ. ①G78

中国版本图书馆CIP数据核字(2021)第258497号

责任编辑：包晓嫱 佟彤

中国商业出版社出版发行
（www.zgsycb.com 100053 北京广安门内报国寺1号）
总编室：010-63180647 编辑室：010-83118925
发行部：010-83120835/8286
新华书店经销
香河县宏润印刷有限公司印刷
*
880毫米×1230毫米 32开 7.25印张 195千字
2022年1月第1版 2022年1月第1次印刷
定价：48.00元
* * * *
（如有印装质量问题可更换）

前言

如今，家庭教育不再以僵硬的方式进行，而是变得更加柔软和讲究人性，父母也不再是高高在上的主宰者，而是意识到自己应在孩子面前扮演新的角色，即父母、朋友、知心人、引领者等。当父母的角色变得越来越丰满，内心越来越充满爱，更加理性地知道自己要如何对待孩子时，家庭教育就会产生本质性的改变。

不可否认的是，在亲子关系中，父母占据着主导者的地位。从某种意义上来说，拥有怎样的亲子关系，更多地取决于父母。每一个父母都要更新教育观念，认识到孩子的幸福比优秀更重要。

人们常说，不忘初心，方得始终。其实对于父母而言，初心就是希望孩子获得幸福，哪怕强求孩子一定要优秀，也是希望孩子将来能够生活得更好、更幸福。

因为对孩子怀有迫切的心，一心一意为了孩子好，父母不知不觉就走向了歧途。他们忽略了孩子是独立的个体，只想竭尽所能地为孩子提供最好的一切，也要求孩子借助这样的条件获得最美好的未来。然而，父母喜欢的未必是孩子喜欢的，父母想要的未必是孩子想要的。

作为父母，要与孩子保持合理的边界感，这样才能始终牢记孩子必须先成为他自己，才能拥有属于自己的人生，才能创造属于自己的幸福。

对于生命的探索，人类从未停止过努力，然而生命实在太宏大，迄今为止，没有人敢说自己已经洞察了生命的奥秘。从生命的角度来说，养育孩子无疑是这个世界上最难的事情，也是最伟大的事情，因为我们不但以身体孕育一个生命，还要以精神和情感滋养一个生命。我们既要哺育这个生命，也要在他不断成长的过程中适时地退场，看着孩子稚嫩而又坚强的背影渐行渐远，走向属于他们的人生天地。

此时此刻，就让我们真诚地祝福孩子吧。亲爱的孩子，祝有爱的你永远幸福快乐。

此时此刻，就让我们虔诚地祝福父母吧。造福孩子，你也可以成为幸福的构建师。

目录

第一章　学习成长：尊重孩子，切勿盲目跟风

养育孩子，你真的无私吗 / 2

按部就班，尊重孩子的成长节奏 / 6

远离排行榜，守护孩子的心灵 / 9

关注孩子当下的自然本性 / 13

起跑线到底在哪里 / 17

兴趣是最好的老师 / 20

关注孩子的情绪 / 25

接受孩子本来的样子 / 30

以爱为名，尊重孩子 / 34

第二章　家庭生活：厘清顺序，不要不分主次

爸爸爱妈妈，是送给孩子的最好礼物 / 42

夫妻关系优于亲子关系 / 45

夫妻吵架订好公约是关键 / 49

互相不抱怨，家庭更幸福 / 55
父母有智慧，教育有权威 / 60
爸爸妈妈不是“救世主”/ 70

第三章　亲子关系：遇见孩子，遇见更好的自己

接受孩子的不完美 / 76
爱孩子，一定要有限度 / 80
不当控制型父母，放飞孩子的未来 / 84
心若改变，亲子关系随之改变 / 87
爸爸好情绪，孩子更快乐 / 92
优秀的父母才能教育出优秀的孩子 / 96
夸奖和鼓励比巴掌和责骂更重要 / 100

第四章　角色定位：当好父母，是一项事业

无证上岗，也要准备充分 / 106
舐犊情深，是小狗都会做的事 / 110
坚持成长，给孩子树立好榜样 / 114
营造积极向上的家庭氛围 / 118
与时俱进，给孩子提供爱的养分 / 122
鼓励孩子，认可孩子 / 127
父母要坚持学习，坚持成长 / 131

第五章　定义幸福：追求幸福，是终极的目标

成长比成绩重要 / 136
幸福比优秀重要 / 139
不要让孩子成为“空心人” / 141
即使学习不好，也能拥有未来 / 144
拥抱伤痛，让心灵变得强大 / 146
你值得享受最美好的时间 / 149

第六章　爱有序位：理顺关系，勇敢无畏前行

爷爷奶奶不能成为“心理父母” / 154
任何人都不能取代爸爸妈妈 / 157
重组家庭，用爱融化坚冰 / 160
单亲家庭，用爱铸就孩子的翅膀 / 163

第七章　爱的语言：学会沟通，用话打动孩子

亲子沟通，必须保持一致 / 168
孩子顶嘴到底好不好 / 170
家庭教育，身教大于言传 / 173
掌握批评的艺术 / 176
慷慨地赞美孩子 / 179
让孩子充实快乐地成长 / 183

第八章　爱的实践：爱是发现，爱也是成全

发掘孩子的优势力 / 188
培养孩子的习惯力 / 190
磨炼孩子的意志力 / 192
培养孩子的自控力 / 195
激发孩子的自信力 / 198
增强孩子的宽容力 / 203

第九章　为人处世：漫漫人生，不再踯躅独行

鼓励孩子结交朋友 / 208
让孩子学会分享 / 210
教孩子不在背后议论他人 / 213
让孩子学会原谅 / 216
教会孩子遵守规矩 / 219

后　记 / 222

第一章
学习成长：尊重孩子，切勿盲目跟风

如今，许多父母陷入了教育焦虑状态。这使很多父母更为迫切地望子成龙，望女成凤，却忽略了孩子的成长有自身的节奏，每个孩子都是独立的个体，有自身的特点。教育用一个字来说叫“爱”，两个字叫“尊重”，三个字叫“相信他”，四个字叫“因材施教”。父母要想教育好孩子，必须因人而异，父母要想引导好孩子，必须尊重孩子，激发孩子的内部驱动力。

养育孩子，你真的无私吗

一直以来，无数父母都打着“一切都是为了孩子好”的旗号，以爱孩子为由头，八仙过海，各显神通，对孩子开展具有家庭特色和社会共同特色的教育。有些父母更是迫不及待，在孩子还是婴儿时，就带着孩子去上亲子班；在孩子还没有上幼儿园时，就给孩子报名参加兴趣班；在孩子刚刚踏足幼儿园大门时，就开始筹划为孩子购置学区房；等等。表面看来，父母对孩子的爱的确是无私、毫无保留、不计成本、竭尽全力的。然而，细细想来，父母这么用心和卖力地教育孩子，又是为了什么呢？

随着孩子渐渐长大，父母的期望也在不停地改变。孩子呱呱坠地时，父母最大的愿望就是孩子身体健康，快乐成长，不受疾病的困扰；当孩子开始上幼儿园时，父母由此而接触到更多同龄的孩子，因而渐渐生出了比较之心，希望孩子在同龄人的队伍中能够出类拔萃；在孩子正式步入小学阶段，开始读一年级起，父母的攀比心愈演愈烈，他们恨不得孩子每次考试都能得第一，恨不得孩子包揽所有比赛的奖项，他们最爱做的事情就是比较，把孩子与其他孩子进行比较……在父母殷切的期盼中，孩子一天天长大，他们承载着父母的希望，甚至背负着父母的人生。太多父母不由分说地把自己没有完成的期望寄托在孩

子身上，根本没有征求过孩子的意见。这使很多孩子小小年纪就背负着沉重的心理负担和学业压力，不堪重负。

从深层次来看，父母对孩子的爱不是完全无私的行为。当然，我们要把问题一分为二地看待。

首先，父母爱孩子的确有无私的成分。例如，父母竭尽全力为孩子提供最好的成长条件，给孩子提供优质的教育资源，这都是无私的。然而，如果父母始终认为自己对孩子是完全无私的，未必是件好事。当父母抱有这样的心态时，他们就会在不知不觉间把自己当成是孩子的救世主，认为自己是正义的化身，是孩子人生的主宰者。毫无疑问，坚持自己无私养育孩子的父母都有很强的掌控欲，都想影响甚至决定孩子的人生。

其次，父母爱孩子是自私的。每一个父母正是因为带有强烈的“自我”意识，才会决定生养孩子。太多的父母认为既然生养了孩子，就对孩子享有至高无上的权力。其实，孩子虽然因为父母才来到这个世界上，但他们是独立的个体，既不是父母的私有物，也不是父母的附属品。父母唯有发自内心地尊重和平等地对待孩子，把孩子当成独立的个体去对待，才能与孩子建立良好的亲子关系，也才能经营好家庭生活。从来没有人赋予父母随意对孩子指手画脚的权力，父母尽管在孩子小时候承担着照顾和养育孩子的责任，但随着孩子的成长，要适时地对孩子放手，淡出孩子的人生，给孩子本该属于他们的自由。

从这两个方面来说，父母再也不要以无私地爱孩子为理由，霸道地决定孩子的一切。只有早早地认识到这一点，父母才能在孩子进入青春期的叛逆阶段，主动地给予孩子更大的成长空间，主动地赋予孩子自主做好很多事情的权利，从而陪伴孩子度过青春期，顺利地走向成年。如果父母不能跟随孩子的成长与时俱进，始终停留在孩子必须对父母言听计从的错误想法中，与孩子之间的关系就会剑拔弩张。当遭到孩子的反叛时，父母更是无法接受，觉得自己受到了很大的伤害，甚至是遭遇了孩子的背叛。当父母怀有这样的想法时，他们与孩子之间的关系又怎么会和谐融洽呢?

父母要意识到，他们为孩子营造的核心家庭并非是封闭的。在具有开放性的核心家庭里，父母的行为结果将会对其他社会成员产生一定的影响。换言之，整个社会就像是一张大网，以牵一发而动全身来形容也许有些夸张，但是人与人之间有着千丝万缕的关系是毋庸置疑的。作为父母，要放下“自我”，怀着开放的心态坚持学习，坚持成长，这样才能整合更多优质的资源，更新自己的教育观念，对孩子进行恰到好处的教育。

对于养育孩子这件事情，很多人的观点走向了两个极端。有人认为，养育孩子是很容易的，每一对年轻夫妇随着孩子的出生，自然升级为父母。其实，这只是意味着年轻夫妇成了生物学意义上的父母而已。要想成为合格的父母，成为优秀的父母，就要认识到养育孩子是需要毕生从事的伟大事业，是需要全心投入才有可能做得更好的。

作为父母，切勿把所有的希望都寄托在孩子身上，否则孩子就会感到不堪重负。他们必须非常努力，才能保证不让父母失望。长此以往，孩子渐渐地迷失了自己，他们做很多事情都第一时间想要取悦父母，迎合父母。在此过程中，他们表面上懂事听话，内心深处却隐藏着一个压抑的自己，这个自己一旦爆发，孩子就会特别任性，不愿意再接受约束和管教。要想避免这种情况发生，父母要认识到，自己对孩子并非绝对无私的，而是在渴望教养目标的前提下，竭尽所能提供最好的条件以便于孩子健康成长。有了这样的思想认知，父母就会改变控制孩子的教育模式，不再对孩子开展强权模式，而是对孩子充满了爱心，充满了真诚，充满了尊重，充满了友善。如果父母走出了这个迷思，家庭教育就会豁然开朗，别有洞天。

父母要坚持先教养自己，再教养孩子。这也就意味着我们不能在孩子有所成就时居功自傲，也不能在孩子表现得不尽如人意时把责任推到孩子身上。从此之后，我们要把焦点转移到自己身上，意识到自己才是首先需要被教养的。这听起来也许很困难，但实际上只要从点点滴滴开始做起，我们就能有效地改变。例如，不要再只盯着孩子的错误和缺点，而是要看到孩子的成长和进步；不要处处否定和批评孩子，而是要多多认可和欣赏孩子；不要再为了改变孩子而焦虑不安，而是要先从改变自己做起……不管是父母还是孩子，在家庭教育中都充满了困惑，作为家庭教育的主导者，父母有责任肩负起改变的重任，成为改变的先锋。

正是因为孩子的到来，作为父母的我们才有了宝贵的机会自我提升，自我成长。意大利儿童教育家蒙台梭利说过，父母是刚刚长大的小孩，孩子是未长大的小孩，父母在养育孩子的过程中和孩子一起成长，一起享受自由，感受幸福。

按部就班，尊重孩子的成长节奏

如今，多数父母都很着急。没错，就是着急。他们完全忘记了自己小时候每天背着轻飘飘的书包，屁颠屁颠四处玩耍的快乐，甚至认为孩子从一出生就应该奔上最快的跑道，仿佛唯有如此才能赢在起跑线上，或者至少不会输在起跑线上。出于这样的想法，他们从小就给孩子灌输赢的思想，坚决要求凡事都要赢。在父母的步步紧逼之下，即使是幼儿也很难有喘息的机会，他们甚至比成年人更加辛苦和疲惫。

我们必须承认，在现代社会中的确要承受很大的竞争压力，尤其是对于上有老、下有小的成年人而言。为此，父母一边应对各种挑战，一边想方设法地让孩子跑赢同龄人。与此同时，他们会对孩子寄予更高的期望，这也就意味着他们会对孩子提出更高的要求。正因如此，几乎所有的父母都认为学习成绩对于孩子而言才是最重要的。那么，真正的教育学家会说什么？他会很气愤地纠正那些自以为懂教育的父母，告诉他们玩耍和兴趣对孩子而言才是最重要的。在儿童早期发展中，玩耍和兴趣的重要性不言而喻，不可取代。孩子本该享受无忧无虑、充满快乐的童年，他们的童年不该充斥着各种各样的疯狂竞赛。从这个意义上来说，父母应该尊重孩子的成长节奏，让孩子按部

就班地生活。

这个周末，我们这里的一位妈妈带着8岁的女儿去报名学习跳舞。一是因为父母认为女孩学跳舞能让身体姿态更加挺拔优美，二是因为她的女儿真的很喜欢跳舞，一听见音乐就翩然起舞。经过精挑细选，这位妈妈选择了一家艺术教育机构，并很快地为女儿办理了报名手续。女儿拿着刚刚领取的舞蹈服和舞蹈鞋很惊喜，不停地摩挲着。

正在这时，负责接待的老师小声对这位妈妈说："看得出来，这个孩子真的很喜欢跳舞，希望她能习惯和比她小的孩子在同一个班里上课。"听到老师的话，这位妈妈很惊讶，问道："比她小的孩子是多大？"老师回答："6岁。"这位妈妈当即追问："没有8岁孩子的班吗？6岁的孩子的确太小了。8岁，应该也有初级班吧！"老师无奈地摇摇头，笑着说："孩子们通常从五六岁开始学习舞蹈，到了8岁，已经有了一定的舞蹈基础，跳得很棒了。"这位妈妈郁闷极了，她原本以为8岁开始学习舞蹈才是合适的年龄，却没想到自己的女儿已经落后了两年。

突然听到这个消息，这位妈妈为女儿报名舞蹈班的喜悦被冲淡了，她的心情变得糟糕起来。为了排遣抑郁的心情，她一出艺术机构的大门，就给我打电话诉说了事情的经过。听到她低落的声音，我忍不住调侃她："这就受不了了？未来的路还长着呢，没人能保证孩子始终冲锋在前。况且，6岁学习舞蹈和8岁学习舞蹈有什么不同呢？等学习到一定阶段，可不是以学习年限来决定舞蹈水平的。"这位妈妈听了我的话茅塞顿开，也就释然了。

学习舞蹈难道是以学习年限来决定舞蹈水平高低的吗？也许在初学舞蹈时，早两年和晚两年存在差别，但是如果孩子长期学习舞蹈，这两年的差距是完全可以消除的，甚至是可以凭着天赋和勤奋反超的。作为父母，对待孩子的成长切勿揠苗助长。

父母有很多动机都是出于“自我”，为了把这些动机合理化，他们会以符合孩子的最大利益为幌子。他们为此建造了一个看似有利于孩子的成长系统。在这个系统中，他们毋庸置疑扮演着最高权威者的角色，并且自以为是地满足孩子的需求，而不管这些需求是否是孩子真正需要或者真心想要的。由此一来，就出现了“有一种冷，叫妈妈觉得你冷”“有一种饿，叫妈妈觉得你饿”的说法。其实不仅仅是妈妈，爸爸也会这样自以为是地对待孩子，而忽略了孩子真实的需求。

如果父母真的用心研究孩子，他们就会发现自己根本不知道孩子需要的是什么，喜欢的又是什么。如今，太多的父母在孩子两三岁的时候，就给孩子报名参加兴趣班，不得不说，这真的是操之过急了。这样着急地给孩子报兴趣班，或者是父母为了满足自己的兴趣，或者是父母在以这样的方式试探孩子到底对什么感兴趣。对于孩子自身而言，他们未必能从这些兴趣班里真正感受到发展兴趣的快乐。

每一个孩子都应该自然地成长，都有权利拥有自然状态下的童年。遗憾的是，许多孩子所拥有的童年都是父母为他们设计的童年，是父母预先设想并且按照设想去规划的童年。父母剥夺了孩子的童年，却

给予了孩子巨大的压力。如今，很多父母都有朋友圈，他们常常会把孩子风光荣誉的时刻发布在朋友圈里，而不愿意把孩子因为遭遇失败而沮丧失望的样子发布在朋友圈里。这是为什么呢？因为这样的炫耀能够满足父母的虚荣心，为此父母选择忽视孩子的失败，忽视孩子承受的坎坷和挫折。而实际上，失败、承受坎坷和挫折，才是孩子人生中不可避免的重要时刻。

在“自我”的驱使下，很多父母催促孩子尽早获得成功，他们迫不及待地想要验证自己的教养方式是正确的，也迫不及待地想把孩子作为自己最完美的作品展示给这个世界。然而，这个“自我”只能赢得他人羡慕的目光，却并不完全利于孩子发展纯真的本性。当孩子始终生活在父母营造的成功氛围中时，他们会感到很焦虑，也会因为被隔离在正常的童年之外而倍感孤独。也许有些父母会说，孩子并不孤独，因为在努力的道路上有很多同龄人与他同行。但是在奔波和努力的道路上，这些孩子尽管同行，却各自为营，很难真正地陪伴彼此。只有在快乐玩耍、享受自由的状态中，孩子才能得到同龄人的陪伴，感受到和同龄人一起自由成长的乐趣。

远离排行榜，守护孩子的心灵

2019 年，随着素质教育的普及，教育系统已经由上而下地实施了新规则，即不允许中小学对孩子的日常表现和考试成绩进行排名。教育系统为何会突然实施这样的规则呢？究其原因，是因为有太多父母陷入了一个怪圈，他们在潜意识里认为孩子的价值是由孩子的表现决定的，具体表现为：当孩子表现好的时候，父母认为孩子是有价值的，自己不管为孩子付出多少也都是值得的；当孩子表现不好的时候，父母认为孩子是低价值的，自己为孩子付出了很多是不值得的。在很多教育机构里，那些处于排行榜前列的孩子成为无数父母羡慕的对象，他们被父母称赞为“别人家的孩子”，父母却不知道这些“别人家的孩子”早已经成了自家孩子的“噩梦”。

父母似乎特别喜欢进行横向比较。他们从来不管自己的孩子在学习方面是否有天赋，也不去关注自己为孩子的成长付出了多少时间和精力，就蛮横地要求孩子必须在学习方面与他人一较高下，并且遥遥领先，或者至少不能落后。不得不说，父母这么做的结果，不是让孩子压力山大，就是让孩子彻底放弃努力，不再参与竞争。曾经有一个孩子患上了严重的抑郁症，他并非学习不好、表现欠佳，相反，他是班级和学校里的佼佼者，每次考试都出类拔萃，也得到很多老师的喜欢，但是他就这样被抑郁症瞄准了。直到此刻，父母才捶胸顿足、懊悔不已地说：“早知道孩子会得抑郁症，我为何要逼着孩子学习啊，让他自由快乐地成长多好啊！现在，我宁愿孩子学习是倒数第一名，考不上任何好学校，只要孩子能够恢复健康，重新找回快乐。”然而，孩子的快乐一旦丢失，哪里能那么容易地再次找回来呢！

父母要时刻牢记，孩子是一个独立的个体，有自己的思想和灵魂，有自己的主见和选择。孩子小时候要依赖父母而生存，随着渐渐长大，他们唯一的目标就是成为自己。遗憾的是，很多父母穷尽一生都没有明白这个道理，哪怕目睹已经到了中年的孩子每天都背负着压力拼搏，他们也依然如故。在生命中，除竞争外，我们难道没有其他的事情可做吗？

俗话说，金无足赤，人无完人。每一个孩子都不是完美的，每一个父母也都不是完美的。父母与其强求孩子完美无瑕，不如接受孩子的缺点和不足。在陪伴孩子成长的过程中，父母切勿苛求孩子凡事都要做到尽善尽美，否则孩子一旦陷入了追求完美的怪圈之中，就易患上严重的心理疾病，给自己的成长带来无尽的烦恼与困惑。有人以金字塔比喻人才的竞争状态，那么只看金字塔的结构，我们就会知道能够到达金字塔塔尖的人少之又少。作为父母，与其对孩子提出过高的要求，不如想一想自己在年轻的时候可曾到达过金字塔塔尖？大多数人都位于金字塔的中下部，过着普通而又平凡的生活，幸福美好，安定踏实。这有什么不好呢？不要试图把任何人都比下去，因为这是根本不可能实现的。我们固然要努力，却不能把成功作为人生的唯一目的和意义。和结果相比，努力的过程显然更重要，因为它能丰富我们的人生体验，也能让我们在成长的道路上得到历练，更加坚强与勇敢。

某夏令营中来过一个名叫张泽达的15岁男孩，升入初中之后，他的成绩始终拔尖，这使父母对他的期望越来越高，老师也把他作为重点培养的对象。每次考试，必须看到自己有进步，张泽达才会感到高兴。如果考试的绝对分值或者是考试的排名出现退步，张泽达就会郁郁寡欢很长时间。进入初中三年级后，张泽达出现了消化不良和胃部反酸的症状，在做了胃镜检查之后，被医生定义为反流性食管炎。那么，张泽达小小年纪，为何会患上这样的病呢？这与他长期背负着沉重的学习压力密切相关。

在爸爸妈妈的殷切期望下，在老师的高标准和严要求下，张泽达对自己的要求也越来越高。初中二年级的一次考试，他的数学成绩没有和往常一样考到满分，而是考了99分。原来，他把一个数字写错了。因为这个错误，张泽达责怪了自己一个星期，并且又用了一个多月的努力，这才在又一次考试中获得了满分的成绩。他对自己的要求是，在没有得到满分的情况下，下次考试要争取进步；在获得满分的情况下，下次考试要争取继续得满分。不得不说，张泽达这样的要求，就算换作其他学霸也很难实现。最终，他被自己的精神压力压垮了，患上了严重的胃病。

在这个故事中，张泽达的压力是特别大的。有一些孩子不希望自己的考试成绩太好，因为父母一旦看到他们考出了前所未有的好成绩，对于他们的预期马上会大大提高。这就像是一个人唱歌起调子起高了，使得自己接下来没法唱下去了。其实，只要父母放平心态，不接二连三地拔高对孩子的要求，孩子的成绩在短期内出现小幅波动完全是正常现象。一个知识点没有复习到，孩子就有可能被扣分；如果头一天晚上没有睡好觉，孩子就有可能状态不佳；很多孩子都有粗心的坏习惯，一旦粗心，他们的成绩就会下降……总而言之，任何学霸都无法

保证自己能够在每次考试中都大获全胜。退而言之，就算是老师，也不可能保证自己帮助学生完成的试卷是绝对正确的。人非圣贤，孰能无过。如果我们揪着自己的错误不放，对自己再三苛责和挑剔，那么我们就会更不愿意放过孩子。

不要等到孩子的身体健康出现状况，我们才放过孩子；也不要等到自己的身体健康频频亮起红灯，我们才学会反思自己。

孩子的成长有其内在的节奏，孩子的节奏原本就比成人的节奏慢。作为父母，要尊重孩子的成长节奏，要给予孩子足够的耐心，要帮助孩子面对和接纳自己。当孩子真正地开始走入自己的内心、认知自己、理解自己、感悟自己时，那么孩子就成熟起来了。从现在开始，我们无须着急地思考孩子长大之后究竟能考入哪一所大学，而是要看到孩子不管学习成绩如何，他们都是与众不同的，也会拥有属于自己的人生。孩子就是他自己，每一个父母都要相信且坚持这一点。

关注孩子当下的自然本性

很多父母都相信，孩子拥有无尽的潜力。这意味着什么呢？意味着父母认为孩子现在表现欠佳，还需要继续努力，发展兴趣，激发潜力，才能表现得让父母满意。正是受这种观念的影响，父母才会不遗余力地激励孩子，鼓舞孩子，恨不得孩子当即就能激发出所有的潜能，把自己的兴趣爱好发展到极致。这样一来，孩子究竟“应该”成为怎样的人，从某种意义上来说，是由父母认为孩子具有多少潜力决定的，而非孩子自身。“应该”带有太过强烈的主观意图，仿佛孩子的成长从此就由父母说了算。父母在拿到“应该”这个尚方宝剑之后，就开始挑剔和苛责孩子，他们无视孩子现在表现出来的美好和珍贵，而更多地关注孩子尚且没有具备的那些虚无缥缈的能力、品质等。我们不得不残酷地挑明，“应该”建立在父母的幻想之上，对于孩子而言是很不公平的。

虽然每个人都是有潜能的，但是每个人的潜能必须在自觉自愿的前提下由自己激发出来，而不是被他人逼出来。父母更应该关注和重视孩子当下的自然本性，而不要被想象中孩子该有的模样蒙蔽了眼睛，因而看不见孩子此时此刻做出的所有努力。

很多妈妈都有为家人做饭菜的经验。如果恰逢节假日，家里来了很多客人，妈妈从前一天就开始列菜单，准备食材。到了当天，妈妈从清晨就起床，在厨房里忙得团团转，终于做出了一桌子色香味俱全的美食。这个时候，客人们来了，面对美食，大快朵颐。这个时候，突然有一个客人对妈妈说：“我知道为了准备这桌食材，你一定付出了很多时间和精力。然而，我不得不遗憾地说，你如果能够发挥出所有的潜力，就会做得更好，希望你下次改进。”听到这样的评价，忙碌两天的妈妈会有怎样的感受呢？如果说妈妈的心中原本燃烧着一团火，那么现在妈妈的心中仿佛被泼了一盆冰水，瞬间变成透心凉。

当父母只关注孩子所谓的潜力，而不关注孩子当下的自然本性，带给孩子的感受比上述事例中妈妈的糟糕感受有过之而无不及。时间是线性的过程，不可逆转，对于那些已经发生的事情，一旦发生就变成了不可更改的历史。与其为了历史而哭泣，不如调整好自己的状态，把握好当下，活好当下，这样才有可能创造美好而又精彩的未来。我们对自己要如此，对孩子也要如此。任何时候，我们都要引导孩子向前看，而不要抓住孩子表现得不够完美的那一刻，对孩子吹毛求疵。

人人都渴望得到他人的尊重和认可，孩子更是如此。很多时候，父母一句真心的赞美，就能让孩子充满信心；父母一句带有指责意味的批评，就会让孩子如同泄了气的皮球；父母一句希望孩子激发潜力的不满，就会让孩子选择自暴自弃。作为父母，我们一定要认识到自己的每一句话都会给孩子带来影响，所以在面对孩子时做到慎重思考，慎重表达。当父母换一种表达方式，把不满的指责变成带有欣赏意味的肯定时，孩子就能把不够完美的现在变成新起点，就会因此而获得进步的机遇，让自己在很多时候都表现得充满动力，充满自信。

有一位学习“觉醒父母”课程的家长在一次听完课程后和我聊起来。她家的孩子名叫思桦，正在读小学三年级，是一个美丽可爱、聪明活泼的女孩，性格外向开朗，表现落落大方。每一位老师都认为，思桦应该可以表现得更好，例如，思桦上课不应该说话，而是应该瞪大眼睛全神贯注地听老师讲课；思桦做作业不应该出错，而是应该书写认真工整，页面整洁，每次都得全优。然而，思桦偏偏很贪玩，喜欢开小差，做作业敷衍了事，不是少做了题目，就是做错了题目。为此，老师隔三岔五就会给她打电话，告诉她“思桦又没有做作业”“思桦今天上课讲话了”“思桦和同学吵架了”。长此以往，她感到压力很大，认为自己作为妈妈失职了，没有管教好思桦，所以思桦才会给老师添麻烦。在这种情绪的影响下，她对思桦也怀有很大的不满，常常指责和抱怨思桦，总是和思桦强调“你完全可以做得更好，但是你做得很糟糕”。在她反复的唠叨和指责中，思桦的自我认同度越来越低，甚至断言自己是一个故意惹恼老师和妈妈的坏孩子。

在潜力的魔咒下，许多父母和孩子都深陷苦恼。和思桦妈妈一样，很多父母都在经受潜力的折磨。例如，父母会认为自己有义务逼迫孩子努力，保证孩子每天都能保质保量地按时完成作业；父母认为自己有责任督促孩子获得各种奖项，否则自己就在教育孩子的过程中失职了。这样的压力是会传递的，很快就会从父母那里传递给孩子。难道所谓的潜力就是限制和框定孩子的未来吗？当然不是。就本质上而言，孩子的潜力指孩子潜在的尚未发挥出来的力量，孩子只有在此时此刻运用这些能力，才能创造美好的明天。

此外，潜力是以品质为基础的，是不通过父母强制灌输而得到的。查找“潜力”一词，我们就会发现潜力与孩子现在拥有的各种品质密切相关。所以，父母在说起孩子的潜力时，一定要将其与孩子的现在密切联系起来，而切勿一厢情愿地幻想孩子未来一定会成为怎样的人。父母不仅要这样对待孩子，也要这样对待自己，即更加关注自己的现在，而不要把希望寄托在不确定的未来上。

当父母真正转变了思想，就会发现自己的孩子只是普通而又平凡的人，与此同时他们又是神奇且不平凡的。

进入学龄阶段后，孩子的主要活动范围不再局限于家中，而是拓展到校园里。面对校园里众多的孩子，很多父母遗憾地发现曾经被自己视为卓尔不凡的孩子，居然这么平淡无奇，就算是参加班级里的一场普通竞赛，孩子也未必能够脱颖而出。面对孩子这样的表现，父母的心中肯定很失落。然而，父母只能自行消化自己的不良情绪，而不能把这样的懊恼转移到孩子身上。

从现在开始，不要再执着于创造一个“未来版本”的孩子了。看看你眼前的孩子，看看他的一颦一笑、一举手一投足，看看他的独特所长和独特不足，你会发现只有当你认为当下的孩子很好时，你的孩子才会变得更好。反之，当你认为当下的孩子很不好时，你的孩子只会变得越来越糟糕。虽然对于现在的父母而言，要想做到不催促孩子成长、不盯着孩子的学习成绩很难，但是为此而付出代价，换回一个坚持真我、保持真我、发展真我的孩子，是完全值得的。

起跑线到底在哪里

一直以来，很多父母都坚信孩子的成长是有起跑线的，为此他们还说出了一句响亮的口号——“不要让孩子输在起跑线上”。那么请问，起跑线到底在哪里？当父母被这么问到的时候，他们一定会张大嘴巴不知道该说什么，因为他们尽管始终高喊着“不要让孩子输在起跑线上”的口号，却从来没想过这个问题的答案。在经过思考之后，也许有些父母会说起跑线就是幼儿教育，也许有些父母会说起跑线从小学一年级开始，还有的父母甚至可能说起跑线是从胎教开始的。当然，这还仅仅是从起跑线出现的时间来界定的，如果从起跑线的内容出发回答问题呢？父母也许就会说，学好英语才有更高的起跑线，学好数理化才能走遍天下都不怕，学好语文才能为各门学科奠定基础。基于这些对起跑线的理解，父母恨不得当即就拎起还在襁褓之中的孩子，把他们放在父母选定的起跑线上。其实，父母这些关于起跑线的论调都错了。真正的起跑线，在孩子的心里。民间有句俗话“皇帝不急太监急”，意思是说人们为自己不该着急的事情着急上火，而那些该为很多事情着急的人却气定神闲，这真的是本末倒置了。

在家庭教育中，亲子关系就出现了这样本末倒置的情形。对于成长，原本孩子应该占据主导地位，表现出主动的姿态，但是父母偏偏抢到了孩子前面，恨不得领跑孩子；对于学习，原本孩子应该更加用心，也努力勤奋，但是父母偏偏为孩子规划好一切，孩子无须动脑筋，只要按照父母的安排去做就行。这样一来，孩子就会失去内心的驱动力，失去心中的起跑线，变成了父母的附和者，不管做什么事情都听父母的安排。日复一日，孩子在这样的状态下成长，他们的独立性和自主性都得不到发展，最终负面影响不仅仅局限于学习，也会涵盖他们在为人处世等方面的表现。

许多父母都太急了，他们等不及孩子表现出真实的自己，也等不

及孩子内心的自我浮现出来，就迫不及待地想要代替孩子安排一切，做好一切。正因如此，很多孩子小小年纪就活成了父母的提线木偶，他们的内在个性根本没有机会得到发展。父母一定要耐心一点，放缓脚步，等一等孩子，给孩子时间发展自我的空间，这也将会是父母送给孩子最珍贵的礼物。当孩子发展了自我，他们就有了思想，有了灵魂，也有了自主的选择权，从而才能主宰和驾驭自己的人生。

在教育孩子成长的过程中，为了让自己对孩子的控制权始终存在，也为了让自己对孩子的控制行为得以延续下去，很多父母都会对孩子开展所谓的纪律训练。有些过于严苛的父母，甚至把孩子培养出了如同条件反射般的应变能力，对于孩子而言，这是成长的悲哀。当然，要把纪律训练与培养孩子的自控力区别开来。如果把纪律训练和自控力都比喻成孩子生命中的灯盏，那么纪律训练这盏灯虽然在孩子身上，灯的开关却在父母手里；自控力这盏灯也在孩子身上，灯的开关却在孩子手里。只有内心拥有起跑线的孩子，才会拥有真正的自控力，否则，孩子在父母的控制行为下做出的改变，都是由他控力所驱动的。

要想让孩子拥有内心的起跑线，父母要引导孩子把注意力转向内在，例如，让孩子关注自身的情绪，引导孩子主动自发地对自己进行纪律干预，也给予孩子更多选择的权利，培养孩子进行选择的能力。

父母要记住，我们不是孩子的主宰者，而是孩子的陪伴者和支持者。当我们始终坚定不移地陪伴在孩子的身边，我们在任何情况下都对孩子表示支持时，孩子会把我们视为他们最亲密无间且值得信赖的朋友，向我们敞开心扉，也积极地采纳我们的合理建议。在此过程中，他们快速自我成长，渐渐地拥有自信心、自控力和积极性。这一切都要建立在孩子探索自我的前提下，让孩子成为自己的主导。

以自我为主导的孩子，在认识到自我之后，就会知道自己真正感兴趣的是什么、想做的是什么。如果需要帮助，他们会向父母提出请求。如果需要支持，他们也会让父母当他们的啦啦队。总而言之，在拥有了内心的起跑线之后，孩子会更加笃定，更加从容，也会获得安全感。因为，他们终于找到了自己。

兴趣是最好的老师

这是一个真实的故事，刘女士是一位热爱学习的妈妈，有两个孩子。女儿今年已经大学毕业了，儿子正在读大三，家庭生活非常幸福，人人羡慕。刘女士对自己的生活现状也很满意，毕竟女儿马上就可以独立了，儿子也即将大学毕业，她和丈夫抚育孩子的重任也很快就告一段落了。然而，想起十年前女儿正值青春叛逆期的日子，刘女士依然心有余悸。

十年前，女儿很叛逆，在家里处处和父母对着干，非但不学习，也不做家务，房间里乱七八糟，看着就让人头疼。每次进入女儿的房间，刘女士都特别无助，不知道女儿为何会是这个样子。在崩溃的情绪状态中，她打骂过女儿，但是女儿叛逆的表现丝毫没有好转。刘女

士问自己："难道我的孩子是问题孩子吗？"这么想过之后，她当即否定了自己的想法，暗暗告诉自己："我的孩子是好孩子，她只是暂时站在悬崖边，感到很迷茫，也失去了方向。我不能放弃她，否则一旦她向前走一步，就会掉进万丈深渊……"出于对女儿的爱与信任，刘女士始终没有放弃女儿。

女儿读初中的三年里，全家人都生活在痛苦和绝望中，苦苦煎熬着。刚上初三时，女儿的成绩很差，完全没有考上重点高中学校的希望，甚至考普通高中学校都很难。刘女士想到女儿从小学阶段就因为喜欢画画，一直坚持学习画画。自此，刘女士一直鼓励女儿坚持画画，争取以美术特长考上高中。对于妈妈设想的"曲线救国"的方法，女儿欣然接受。得到女儿的首肯之后，刘女士当即找了一个美术老师教女儿学习画画。一年之后，女儿顺利地以美术特招生考进高中。至此，刘女士终于看到了一丝丝光亮。

2013 年，女儿正在读高一。一个偶然的机会，刘女士参加了学校安排的一堂家庭教育课程。在课堂上，老师讲的话深深地触动了她，打动了她的心。刘女士一边听老师讲课，一边泪流满面。她愧疚不已：三年多来，我对女儿的付出和努力都那么不堪一击，那么愚昧无知，那么苍白无力。刘女士如同醍醐灌顶，深刻地认识到有问题的不是孩子，而是她自己。

在意识到不是女儿太难教、太难管，而是自己的教育能力有限，教育方法错误之后，刘女士和女儿一起踏上了学习之路。她带着女儿走进了我们的训练营，刘女士的目的地是父母课堂，孩子的目的地是儿童训练营。在训练营里，女儿遇到了樊祖安老师。樊老师就像父亲一样引领刘女士的女儿，渐渐地，女孩的心中充满了阳光，变得越来越自信。她不但更加热爱画画，也对学习产生了浓厚的兴趣。

带着自我提升的心态，刘女士加入父母课堂。之后，她通过勤奋刻苦的学习，改变了和女儿的沟通方式。她与女儿交流时不再乱发脾气，而是学会了有话好好说；不再打骂女儿，而是学会了倾听孩子的心声。让人惊喜的是，随着刘女士和女儿的改变，她们母女之间原本剑拔弩张的关系得以缓和。与此同时，刘女士和女儿的老师也成了无话不谈的朋友。在三年高中生活中，每当女儿遇到生活或者学习上无法解决的问题时，刘女士就会和女儿一起与樊老师沟通。樊老师非常热情地为刘女士和女儿解答问题。闲暇时，樊老师还会和女儿交流，鼓励和帮助她。就这样，刘女士的女儿越来越自信了。

高一和高二时，女儿继续跟随刘女士请来的美术老师学习画画。升入高三后，女儿去了一家专业的美术机构学习画画。在高三下学期的一天，女儿突然打电话给刘女士，说："妈妈，我想报考四川美院或者西安美院。"刘女士当即担心地问："你的文化课怎么办呢？"女儿毫不迟疑地说："妈妈，我会努力补文化课的。"后来，在与刘女士商量之后，女儿根据自身的实际情况，决定报考西安美院。刘女士对女儿的选择表示无条件支持。

刘女士和女儿一路走来，实属不易。通过这几年的学习，她有很多的学习心得，也有很多的感慨。如今的她，即将品尝甜蜜的果实，

也把教育的心得和体会分享给那些迷惘的父母，希望他们都能和孩子一起找到方向。

具体来说，和孩子相处要做到以下六点。

第一，学会好好说话。很多父母自以为无私地爱着孩子，所以在与孩子沟通的时候，常常以居高临下的姿态对孩子发泄不满和怨气。甚至有些父母觉得孩子欠着父母很多，也常常提醒孩子要记得父母的养育之恩，要对得起父母的付出。试问，如果你是接受他人馈赠的人，你愿意随时随地、每时每刻被人讨债吗？父母固然为孩子付出了很多，但那都是父母心甘情愿的，所以父母不要觉得内心不平衡，更不要觉得自己有权力对孩子发号施令。

第二，放下做父母的姿态，和孩子做朋友。有些父母明知道自己做错了，也是死鸭子嘴硬，坚决不愿意向孩子道歉。随着孩子不断的成长，他们具备了判断能力，也知道父母做的未必全对。看到父母拒绝道歉，孩子只会看低父母。反之，如果父母能够主动向孩子道歉，那么不但能够在孩子心目中树立高大的形象，而且可以给孩子树立榜样，让孩子做到勇敢地承认错误，知错就改。

第三，多鼓励、多表扬，少唠叨、少批评，孩子才会有足够的自信。大多数父母已经习惯于以指责和抱怨的语气与孩子说话，他们总是看到孩子的缺点和不足，而忽略了孩子的优点和长处。久而久之，孩子的自信心被打击得体无完肤，在做很多事情的时候都会畏缩胆怯。常言道，好孩子都是夸出来的，那么要想当好父母，就要先学会夸孩子。

第四，学会控制自己的情绪。这一点至关重要。人是情感动物，每个人都会有情绪。有些父母在孩子面前高高在上，认为自己生养了孩子，孩子就必须对自己言听计从。一旦与孩子的情绪发生碰撞，他们就会要求孩子当即道歉，向父母低头。在双方的僵持中，事情就会变得恶化，关系就会无可挽回。这个时候，明智的父母一定要学会适时地闭嘴，转身离开争吵的情境，给自己和孩子恢复平静的时间与空间。也许片刻之后，情绪的洪峰就已经过境了，这个时候再来继续前面的讨论，也就不会那么令人不愉快了。

第五，爱要大声说出来，爱要勇敢做出来，这样才能让孩子感受到你的爱，才能获得安全感。爱需要陪伴，即使工作再忙，父母也要多多陪伴孩子。如今，大多数父母忙于工作，疏于陪伴孩子，与孩子之间的关系很疏远。在这种情况下，父母很少有机会对孩子表达爱，而且不能给予孩子安全感。在孩子成长的过程中，安全感是很重要的。拥有安全感的孩子，始终坚信父母是他们的依靠，也始终坚信家是他们最温暖的避风港。无论发生什么事情，他们都知道有人可以信赖，有地方可以疗伤。

关于这一点，需要特别强调的是，爸爸千万不要缺席孩子的成长过程。很多家庭中都形成了固定的生活模式，即妈妈负责照顾孩子和家庭，爸爸负责在外打拼挣钱。其实，妈妈无法取代爸爸在孩子成长过程中的重要作用。如果爸爸成为孩子的榜样，孩子就会更有力量；如果爸爸给予孩子更多的支持，孩子就会勇往直前；如果爸爸陪伴孩子一起探索，孩子就会充满勇气。所以，如果爸爸也能走进父母课堂进行学习，在繁忙的工作之余抽出时间多多陪伴孩子，不管是男孩还是女孩，都会因此而受益匪浅，整个家庭的生活也会因此而更加幸福美满。

第六，尊重孩子的梦想，支持孩子实现梦想。太多的父母不由分说地为孩子规划人生，为孩子树立梦想，或者把自己没有完成的梦想强加给孩子。不得不说，这样的做法大错特错。孩子有自己的兴趣爱好，有自己的理想和梦想。父母要做的不是试图改变孩子，而是根据自身的能力和家庭的经济条件，给孩子找到适合的老师，助孩子一臂之力。

上文事例中的刘女士和女儿一起学习和成长，认识了热情的樊老师，开启了女儿的精彩人生。从这位妈妈的故事里，我们可以看到兴趣的重要性。兴趣可以点燃孩子心中的热情，兴趣可以让孩子对未来充满希望，兴趣可以让父母与孩子拥有共同的目标和明确的方向。

关注孩子的情绪

鄂尔多斯的蔡女士是训练营的一位妈妈，她的孩子刚刚升入中学。以下是她的自述。

我的孩子在学习上比较自觉，自尊心极强，太过争强好胜，常常因为在日常学习和一些比赛中表现欠佳而沮丧，有时甚至哭泣，长时间情绪不安。作为父母，我们从未给她压力。

我和丈夫的职业也许影响了我们的教育方式，无形中对孩子的个性造成了不良影响。每当孩子诉说内心的焦虑时，我们总是轻描淡写地告诉她："不要小题大做。"说完，我们就会继续忙自己手上的事情。正因如此，每当孩子感到焦虑的时候，最终都会以大喊大叫、摔门而结束。有时，孩子甚至会把自己反锁在卧室里哭哭啼啼。我很厌烦孩子的这种表现。

然而，当再次出现类似问题时，又会出现相同的状况。有时，我也会选择一声不吭，沉默应对，孩子看到我这样的表现就会感到很失望。后来，孩子与我的沟通渐渐少了。但是，我看得出她很不开心。

2019 年 8 月，我有幸聆听了樊老师、安老师的讲座，这才意识到孩子这些令人头疼的问题并非孩子自身的问题，而是与我有着密切关系。我以前面对孩子的问题常常束手无策，有时也会情绪失控。听了讲座，我认识到是因为自己教育孩子的能力有限，所以才会导致孩子产生问题。尤其是在与孩子沟通的时候，我没有考虑到孩子的感受，也没有看到并且接纳孩子的情绪。可以说，我对孩子缺乏同理心，总是对孩子居高临下，或者与孩子针锋相对。我的做法并没有有效地安抚孩子焦虑不安的情绪，所以在孩子遇到类似问题时，她不再与我沟通，而是独自默默地流泪，或者沉浸在低落的情绪中无法自拔。

听了安老师的讲座，我知道作为父母必须放下高姿态，俯下身段与孩子进行更有效的沟通，学会接纳孩子的情绪，理解孩子的感受。

当我按照计划每天都坚持聆听孩子28分钟，我感觉自己在面对孩子的时候越来越有底气，也越来越有力量了。当得知孩子面对很多问题不能解决时，我终于可以坐下来和孩子沟通。渐渐地，我发现孩子不像之前那么敏感了，她开始接受自己的不完美，也能平静地面对失败。最重要的是，我在为她分析出现问题的原因时，她能够积极地采纳我的建议，与我一起寻找改正错误和补救不完美的方法。

前天，她没有圆满地完成背诵任务，被老师训斥与责罚。对此，她表现出极度的反感。我很担心老师的不当言行会对她造成负面影响，因而很及时地与她沟通。与她进行沟通后，我很惊喜，因为我发现她不像往常那样情绪激动，而是平静地告诉我："放心吧，妈妈，我不会拿自己的前途和老师赌气。"听到这句话，我特别欣慰，因为从这句话里，我看到了她的成长。

我认为，在一个家庭里，良好的沟通会让家庭的氛围更加和谐，让家庭具有更强的凝聚力，也让每一个家庭成员都有更强大的力量坚持前进。虽然我的工作依然很忙碌，但是我不再只关心工作，而是每天都要抽出一些时间和孩子聊聊学习、聊聊工作、聊聊那些云淡风轻的小事。经过这样的沟通，我和孩子都感到很开心。

在她的这段讲述中，我们可以看到，关注孩子的情绪是建立良好亲子关系的基础。遗憾的是，现实生活中，太多的父母以自我为中心，无形中忽略了孩子，更不会主动关注孩子的情绪。有些父母正如曾经的蔡女士一样，即使得到了孩子的求助信号，但也只是轻描淡写地认为孩子所说的不值一提。当孩子每次对父母发出求救信号，却得不到父母积极的回应时，他们就会渐渐地感到心灰意冷，不愿意继续和父母沟通了。

那么，父母如何才能做到关注孩子的情绪呢?

首先，不管工作多么忙碌，都要抽出时间陪伴孩子，这也是蔡女士的分享中重点强调的。虽然父母要努力赚钱为孩子提供物质条件，但是父母也要陪伴孩子。父母之养育孩子，绝不要走入养而不育的误区，要认识到作为父母，除要为孩子提供经济支持和物质条件之外，还要给孩子提供精神与情感上的养分，这就需要以陪伴的方式进行。父母多多陪伴孩子，加深对孩子的了解，还可以及时体察到孩子的异常情绪。有些父母根本不知道孩子在学校里发生了什么，也不知道孩子正在面对怎样的情绪困境，直到孩子做出了过激的举动，父母还是一头雾水，茫然不知所以。不得不说，这是父母的严重失职。

其次，既要经常与老师沟通，也要了解孩子的朋友。有些父母看到这里也许会喊冤叫屈，为自己辩解道："不是我们不愿意了解孩子，不想陪伴孩子，而是孩子长大了，不像小时候一样凡事都告诉我们。有的时候，哪怕我们追着问，他们也不愿意说。"的确如此，如果父母没有在孩子小时候就与孩子建立亲密无间的亲子关系，那么随着孩子渐渐长大，等到孩子进入青春期之后，父母再想打开孩子的心扉就会很难。在这种情况下，放弃了解孩子当然是不可行的，因为青春期的孩子虽然看似清高孤傲，实际上内心很脆弱，很需要温暖和陪伴。那么，父母可以与老师保持沟通，毕竟孩子大多数白天都在学校里度过，

与老师朝夕相处，所以老师对孩子是有一定了解的。此外，父母还要了解孩子的朋友，有机会的话，也可以和孩子的朋友沟通。这是因为孩子在与朋友相处的时候，会表现出很轻松自然的状态，因而朋友对孩子的状态是很了解的。此外，有些青春期孩子有了心事，也会告诉朋友，所以与孩子的朋友沟通，是了解孩子的好方式之一。

再次，经常与孩子一起做各种事情。很多父母会刻意地与孩子聊天，询问孩子在学校里有什么开心的事情，有什么伤心的事情。这样直截了当地询问，孩子往往更不会说。如果父母经常和孩子在一起做各种事情，孩子在不知不觉间放松下来，父母自然而然地与孩子进行交流，孩子就会吐露心声。

最后，当孩子出现异常情绪时，父母一定要重视。太多的父母只关心孩子的吃喝拉撒和学习成绩，对于孩子的情绪波动往往不放在心上。有些父母本身性格粗糙，他们还会指责孩子“少年不识愁滋味，为赋新词强说愁”。在孩子倾诉的时候，父母要给予积极的回应。在此基础上，父母再来关注孩子的情绪问题，才能起到事半功倍的效果。

总而言之，人是情绪动物，每个人都会产生各种各样的情绪。孩子也是如此。作为父母，既要关注孩子的情绪，也要帮助孩子排解负面情绪，还要给予孩子有效的安抚，教会孩子如何平静心绪。相信在父母的陪伴下，在父母爱的滋养中，孩子一定会健康快乐地成长。

接受孩子本来的样子

也许是因为从小就读童话故事，所以我们脑海中有着墨守成规的观点，认为所有人都可以以好与坏进行区分。所以，我们不但告诉孩子世界上的人分为好人和坏人，还理所当然地把孩子区分为好孩子和坏孩子。尤其是在被孩子激怒，或者满怀期望却发现孩子与自己的期望相去甚远时，我们更是会给孩子贴上各种标签。等到发泄完愤怒，我们终于回过味来，意识到孩子即使再不好，也是我们亲生的孩子，所以我们继续一边对孩子感到失望，一边对孩子满怀期望，不知不觉间就再次对孩子寄予了过高的期望。绝大多数父母都在这样的恶性循环中养育孩子，也使自己备受折磨。

有人说过，作为父母，养育孩子中遇到的最大挑战，不是要照顾新生儿的吃喝拉撒，不是要付出大量的时间、精力和金钱给孩子，也不是每到周末就陪着孩子去上各种各样的课外班，而是不得不面对孩子的真实表现与自己的期望相去甚远的残酷现实。的确如此，几乎所有的父母都一厢情愿地把孩子想得特别好，认为孩子天生卓尔不凡，是人中龙凤。然而，随着孩子一天天长大，父母渐渐地发现孩子并非像父母所想象的那么完美，甚至还有很多无法改正的缺点和短处。从此之后，父母便陷入了痛苦的深渊，因为他们既不能接受孩子本来的

样子，也不能放弃自己对孩子的各种幻想。渐渐地，父母对孩子充满失望，孩子对父母充满抱怨，亲子关系越来越紧张，矛盾也渐至发展到不可调和的状态。这显然不是父母想要的结局。

要想消除这个矛盾，让孩子变得和父母期望的那样完美显然不可行，甚至根本不可能实现。那么，唯一的方法就是父母放弃自己对孩子不切实际的期望，接受孩子本来的样子，悦纳孩子本来的样子。在爱情中，人们常说，爱一个人就是要爱他的缺点，即使看他的缺点也是可爱的。如果父母对孩子的爱都不能达到如此深沉，我们又怎能奢望发生在陌生人之间的爱能够如此呢？由此可见，爱的奇迹原本就该由父母对孩子创造。

当然，接纳孩子说起来很容易，做起来却很难。这是因为在这个世界上，从来没有人是绝对完美的，孩子也是如此。在父母的殷切期望下，孩子原本并非不可忍受的缺点，被无限放大。父母的心中有心结，很难真正做到无条件地接纳孩子。由此可见，父母要先端正自己的态度，明确自己对孩子的期许，这才是最重要的。

现实生活中，大多数父母对孩子有共同的描摹和共同的憧憬。通常，父母都喜欢听话懂事、乖巧可爱，从来不给他们惹是生非的孩子，他们希望孩子品学兼优，在学习上出类拔萃，每次考试都能拔得头筹。如此完美的孩子，既温和又优秀，是所有父母心之向往的。为此，父母给予这样的孩子以优厚的待遇，希望他们能够继续好好表现。然而，只有极少数孩子能够达到父母的期望，大多数孩子都玩心重，调皮捣蛋，时常会给父母惹麻烦。难道父母就因此不爱孩子了吗？当然不是。

父母即使在被孩子气得七窍生烟的时候，也会默念“亲生的，亲生的，亲生的”。然而，他们对孩子的爱会变得时断时续，随着孩子的表现不同，他们爱孩子的表现也会有所不同。渐渐地，孩子就会懂得必须好好表现才能得到父母更好的对待，所以他们学会了迎合父母，讨好父母，也就迷失了自己的本性。

也有些父母会对那些顽劣不堪的孩子采取非常手段。例如，严厉地惩罚孩子，打骂孩子，或者严令禁止孩子。这些手段最初也许有些用处，但随着时间的流逝，所产生的效率必然越来越弱。一旦激发起孩子的逆反心理，而且孩子已经有力量与父母对抗时，那么孩子就会与父母抗争。这个时候，父母未免会感到惊慌失措，觉得自己作为家长的权威受到了挑战，由此更严厉地惩罚孩子，结果导致亲子关系进入恶性循环的状态。其实，不管是父母还是孩子，都是需要秩序感的。父母要做到尊重孩子的秩序感，孩子才会尊重父母的秩序感。所以，对待孩子的很多出格行为，父母必须经过慎重的思考，在了解孩子行为背后的深层次心理原因的前提下，对孩子进行心理疏导，这样才能达到预期的效果。

孩子的成长是一个动态的过程，处于不同年龄阶段的孩子会表现出不同的行为特点。作为父母，不要期望一岁的孩子行为得体，不要期待六七岁的孩子积极主动，也不要期待十二三岁的孩子情绪稳定、通情达理。任何时候都不要用好与坏给孩子贴标签——贴一个坏标签只需要 5 秒钟，撕掉一个坏标签有时需要一辈子，有些人甚至到死都没撕掉。父母要看到孩子的生动立体，活泼可爱。

归根结底，孩子从未强求我们必须符合他们心目中理想父母的形象，那么我们也不应该强求孩子必须符合我们心目中理想孩子的形象。我们与孩子都生而不完美，我们是第一次当父母，孩子是第一次当孩子，何不互相理解与体谅，彼此包容与宽慰呢？

令父母和孩子备受折磨的是，作为父母和孩子，都无比渴望得到社会和老师的认可。但是一个人要想得到另一个人的认可谈何容易，作为父母要想让孩子得到老师的认可更是难上加难。毋庸置疑，每一位老师都希望孩子乖巧如天使，聪明好学，活泼可爱，善解人意。然而，孩子并非天使，有的时候还会变成小小的、邪恶的魔鬼。当孩子被老师否定或者批评的时候，父母总是感到特别羞愧，因为这意味着他们教育孩子的方式没有取得良好的效果。有些父母生性敏感，自尊心强，甚至认为自己也被老师否定和批评了。这使得父母一旦接到老师“告状”的电话或者信息就会马上勃然大怒，对孩子厉声指责。可怜的孩子茫然无措，虽然他们也很想得到老师的表扬，但这并非是他们只要主观努力就能实现的。其实，父母也要认识到学习是孩子综合能力的表现，关系到孩子的天赋、后天的努力、父母的辅助、教育的资源等。既然如此，父母就不要把孩子在学习上的表现完全归咎于孩子，稚嫩的孩子背不起这么大的一个“锅”。

从现在开始，让我们真心地接受孩子本来的样子吧！让我们相信孩子本来的样子就是他们最好的样子吧！既然一个人不管多么努力，多么逢迎，也不可能赢得所有人的认可与好感，我们为何不给孩子活成自己的权利呢！我的孩子也许丑，却很温柔；我的孩子也许不聪明，却很可爱；我的孩子也许不擅长学习，却心灵手巧，很擅长做手工；我的孩子画画不好看，但是他唱歌很欢乐；我的孩子不会写文章，却会出口成章……当我们用发现的眼睛，看到孩子身上的熠熠闪光点时，我们不但会接受孩子本来的样子，还会欣赏孩子本来的样子。

以爱为名，尊重孩子

佳轩妈妈是一位创业者，佳轩是她的独生子，正在读初二。接下来，是佳轩妈妈的自述。

因为佳轩是独生子，所以我和爸爸都很疼爱他。不管佳轩有什么需求，我和爸爸都尽量满足他，可以说对他有求必应。我们把佳轩视为唯一的希望。佳轩小时候一直特别乖，但是上了初中之后就变了，不仅学会了抽烟喝酒，还学会了打架斗殴。

无论如何我也想不明白，佳轩以前那么乖，现在为何胆大包天，居然跟爸爸对打；佳轩以前很听话，现在却一说就急，动辄离家出走，或者对我们以死相逼；佳轩以前很爱学习，现在常常接连几天明目张胆地逃学，宅在家里，哪里也不去。

看到佳轩做出这样的行为，我们决定对他加强监督和管教。此外，我们经常严厉地批评佳轩，讲道理给佳轩听。如果佳轩不听话，从未打过佳轩的爸爸甚至还会打佳轩。我看到佳轩挨揍很心疼，却无可奈何。

就这样，我们从严管教佳轩5个月后，佳轩非但没有变好，反而更叛逆了。他经常跟我们对着干，我们说东，他就偏偏要往西。佳轩还早恋了，为此，老师把我和佳轩爸爸叫到学校面谈。因为叛逆、早恋，佳轩的成绩一落千丈，从班上前15名下滑到倒数第3名。看到佳轩这样的表现，老师对佳轩感到绝望，都不想管教佳轩了。老师当着我和佳轩爸爸的面说："佳轩叛逆心重，非但经常不写作业，还常常迟到旷课。你们家长要想办法，我们作为老师是没法儿再管了。"

听到老师的话，我简直心如刀绞。我无数次问自己：为什么别人家的孩子都好好的，偏偏我家的孩子就走上了下坡路。我的满心怒气无处发泄，渐渐地，我开始怨恨佳轩的爸爸，责怪他疏于管教孩子，责怪他从小惯着孩子。我也怨恨老师，责怪老师没有好好管教学生。

为了让孩子变好，我愿意做一切事情。我总是在想：如果我死了，就能唤醒孩子，就能让孩子变好，我会毫不犹豫地赴死。事实却是，我即使作为妈妈也无法代替孩子成长。我沉浸在无奈和痛苦之中无法自拔。自我折磨了一段时间后，我最终想明白了一个道理：我只有这一个孩子，无论如何，我都不能放弃我的孩子。孩子继续这样下去是万万不行的，我必须想办法。这时，我意识到也许是我的管教方式出现问题了。

2019年10月，我参加了学校组织的家委会培训。在那里我认识了樊老师。樊老师讲课结束后，我特意留下来，向樊老师请教了孩子叛逆的问题。樊老师分析说："孩子进入叛逆期之后，独立心、自尊心空前强烈，所以说教、唠叨、打骂只会让他觉得父母在试图控制他，也使他的自尊心受到伤害。在这种心理的驱使下，孩子就会用不听、不学、离家出走等方式对抗父母。此外，打骂孩子会严重伤害孩子的心灵。”

樊老师的话让我茅塞顿开，我意识到正是因为我们采取了错误的教育方法，孩子才会在叛逆的道路上越走越远。樊老师还告诉我，作为青春期孩子的父母，只有发自内心、真心诚意地改变，才能重新赢得孩子的信任，才能改变错误的方式，采取正确的方式教育孩子。

回到家里，我一直在思考樊老师的话，梳理樊老师讲述的教育要点。我彻夜未眠，认真梳理了近几年来与孩子之间发生的点点滴滴。为了更加明确自己的错误，我把自己所有的错误都写在纸上，并且站在孩子的角度和立场上，感受这些错误带给他的负面情绪和心灵伤害。

在进行了深入全面的思考后，我行动了。一天吃完晚饭后，气氛还算融洽，我敲门进入孩子的房间，坐在了孩子的书桌旁，认真地对孩子说：“儿子，妈妈昨天去学校参加了一个讲座。讲座上，老师讲了怎样才能成为让孩子喜欢的父母。说实话，我听完明白了很多。以前，妈妈虽然很爱你，但是以爱你的名义剥夺了你很多独立自主的机会，也没有给你自我选择的权利。每当你不听话的时候，妈妈就会骂你打你，今天，妈妈想真诚地、郑重其事地向你道歉。为了表示我的诚意，我把在你身上犯过的错误一一列举出来了，我读给你听吧，希望你能接受妈妈的歉意。”

我刚刚开始读的时候，孩子不相信我是真诚的，一直漫不经心地

盯着自己的作业。放在以前，我一定会指责孩子不尊重我，没有倾听我。但是这一次，我并没有停下来，因为我很清楚我的目的是真诚地向孩子道歉，哪怕孩子不愿意接受我的歉意，我也要坚持把这件事情做好。让我没想到的是，我读的过程中泪如雨下，情绪激动，根本无法控制自己，保持平静。

我再也忍不住，一把拉住孩子的手，不顾一切地把孩子搂到怀里。这个时候，孩子也浑身颤抖，抱着我号啕大哭。那一刻，我知道我的道歉来得太迟了，错误的教育方法已经对孩子造成了严重的伤害。

后来，我们母子的痛哭变成了我们全家人的拥抱。爸爸在我的影响下，也向孩子道了歉。孩子哭着说："我以为我学习不好之后，你们就喜欢别人家学习好的孩子了，再也不像小时候那样爱我了。你们知道吗？每当你们拿更优秀的孩子跟我做对比的时候，我非常痛苦。既然你们不喜欢我，为什么当初还要把我带到这个世界呢？每次考试，我也想考出好成绩。每次我都很努力，但是我的成绩始终达不到你们的期望。但是，我一直没有放弃努力，因为我想通过自己的努力，成为你们的骄傲。这是我最大的梦想。爸爸妈妈，希望你们多给我一些耐心和时间。即使我不如别人，你们也要给我一点儿鼓励，给我一点儿力量，而不要当着我的面强调别人家的孩子多么努力，多么优秀。每当我有哪怕一点点进步的时候，我希望你们能多看我一眼，多肯定我一下，鼓励我一点，而不是装作看不到，也不要冷冷地告诉我不要骄傲。爸爸妈妈，我宁愿我毕生的才华在你们面前昙花一现，也不愿意为了所谓的长远在一群跟我没什么关系的陌生人面前矜持一辈子。

对我而言，你们才是最重要的人，我所有的努力和付出，只有被你们看到，才会有意义，才会有色彩。爸爸妈妈，我所有的努力和付出就是为了在你们面前华丽而庄重地演出。我不需要太多的观众，只要有你们就足够了。”

听完孩子的话，我知道我们已经太久没有走进孩子的内心世界了。我完全接纳了孩子的感受，安慰他，与他共鸣。从那天开始，我不再盯着孩子的学习成绩，而是更关心孩子今天开不开心，有没有困惑，有没有与朋友聊天。我彻底放下了家长高高在上的架子和不可一世的身份，我真正成为孩子的朋友，真诚地关心孩子，欣赏孩子每一个小小的变化和点点滴滴的进步。

过了一段时间，孩子就像变了一个人似的，越来越活泼开朗，不但按时去学校上课，也按时完成作业。那个不需要我操心的孩子又回来了，我惊喜地看到，孩子的成绩从倒数第三上升到班级前 25 名。放下对孩子的执念，我从怨妇变成了面带笑容的漂亮妈妈。

更为神奇的事情发生了，不知道是我的朋友都变好了，还是我变好了之后，我的朋友也都变了，我与朋友的关系也越来越好了。我越来越被他们需要，他们经常要求我分享教育孩子的方法，也经常借着各种理由带孩子过来和我的孩子一起玩，一起学习，一起聊天。我的整个人生都因此而发生了改变，这太神奇了。

通过佳轩妈妈的分享，我们看到了父母以爱为名捆绑孩子，限制和禁锢孩子，忽视和漠视孩子带来的严重后果。很多时候，孩子只是需要被父母看见，得到父母的尊重，就会感到特别满足。也许直到孩子发生根本性的改变，父母才会意识到孩子之所以挑衅父母，做一切出格的事，归根结底是为了吸引父母的注意。这是孩子对于爱与尊重的渴望，那么父母如果知晓孩子的心理，能够在一开始就给予孩子想要的理解、关注和爱，孩子就不需要如此费劲地折腾，也就不需要让父母大动干戈了。然而，正如《银河补习班》里所说的，每个父母都是第一次当父母，要请孩子多多关照。

其实，不管父母是否懂得如何当父母，只要坚持一个原则，就不会偏离教育的正轨，那就是一定要尊重孩子。现实生活中，有太多父母不懂得尊重孩子。他们认为自己生养了孩子，就有权力对孩子发号施令。真正合格且优秀的父母，是孩子的陪伴者和引领者，而不是孩子的领导者和裁判官。这意味着父母会和孩子一起学习，一起成长，会和孩子一起犯错误，一起改正错误，会理解孩子的感受，尊重孩子的选择。

在很多家庭里，父母不尊重孩子，还表现在父母对孩子施行双重标准。例如，父母对自己的行为要求很宽松，允许自己晚睡，却要求孩子必须早睡；父母会吃一些不健康的零食，却禁止孩子吃各种零食。在小时候，孩子的平等意识没有那么强，不会提出抗议。随着渐渐长大，孩子的平等意识越来越强，他们就会对父母表示抗议。作为父母，在制定规矩的时候要对所有家庭成员一视同仁，尤其是要参考孩子的意见，平等地对待孩子。

整个家庭是一个生态系统，一旦打破了系统的平衡，所有的家庭成员，甚至家庭以外相关的人都会受到影响。在养育孩子成长的过程中，父母既要爱孩子，也要尊重孩子，给孩子提供充满自由的成长环境，给予孩子信任与关爱，那么家庭教育就会呈现出更好的状态，整个家庭的生态系统也会保持良好的运转，从而提升所有家庭成员的幸福指数。

第二章
家庭生活：
厘清顺序，不要不分主次

家庭是孩子生活的沃土，在很长一段时间里，孩子的主要生活场所就是家庭。在家庭生活中，孩子与父母亲密接触，受到父母潜移默化的影响，感受着父母的喜怒哀乐。所以，要想让孩子获得幸福，作为父母，一定要经营好家庭生活，尤其要保持家庭生活的秩序，分清主次，这样孩子才能身心健康地成长，收获更多的幸福与快乐。

爸爸爱妈妈，是送给孩子的最好礼物

现实生活中，有些人对爱情失去了渴望与憧憬，他们之所以选择结婚，很有可能只是认为自己需要一个家庭。因为爱的基础日渐薄弱，也因为生活中面对烦琐的事物，承受着巨大的压力，还因为面临的诱惑越来越多，所以一些爱情岌岌可危，一些家庭面临解体。然而，无论如何，当一个人生活感到孤独寂寞的时候，当一个人生活感到压力山大的时候，当一个人生活感到异常冷清的时候，我们还是会情不自禁地想要找人抱团取暖。人与人之间的关系很像刺猬之间的关系，在寒冷的日子里，离得远了，彼此都觉得寒冷，离得近了，又会被对方身上的刺扎得生疼。在一次又一次靠近又疏远的过程中，刺猬终于找到了依偎取暖的最佳距离，人却还在彼此试探，彼此煎熬。

曾经有儿童心理学专家专门研究过青少年的异常心理，他们最终发现，父母离婚即使再怎么小心翼翼地和平分手，也会给孩子带来情感上的创伤。至于那些离婚的时候闹得满城风雨，再逼着孩子在爸爸妈妈之间选择一方的夫妻，他们压根儿不知道这样的做法严重地撕裂了孩子的心灵。孩子稚嫩的心灵从此缺失了一部分，这样的缺失是很难弥补的。

当然，这么说并不意味着我们反对离婚。如果婚姻真的很不幸福，

与其勉强维持，不如友好分手，给彼此一个机会开始崭新的人生，也未尝不可。总之，在孩子10岁之前离异对孩子的童年影响还是比较大的。但是，对于那些不管是出于爱情还是为了孩子依然保持婚姻关系的夫妻来说，与其这样敷衍婚姻，不如想办法经营好婚姻，给自己、给对方，也给孩子一个幸福的其乐融融的家。正因如此，才有婚恋专家说，爸爸爱妈妈，是给孩子最好的礼物。反之也是成立的，妈妈爱爸爸，同样是给孩子最好的礼物。对于孩子而言，最幸福的事情莫过于有一个温暖幸福的家，这样不管孩子遇到怎样的困境，都有爸爸妈妈可以依靠，也有家可以回。

具体来说，爸爸妈妈应该如何相爱呢？

首先，爸爸妈妈要懂得经营婚姻的智慧，学会制造浪漫，学会举行仪式。很多父母人到中年，日子过得平淡如水，渐渐地，就彼此厌倦了。偶尔，其中的一方制造小小的浪漫和惊喜，例如，在情人节的时候给对方送鲜花，对方却以鲜花太贵为由回赠一顿抱怨和指责，结果浇灭了对方心中的爱情之火。其实，就算节日里鲜花很贵，和夫妻之间的感情相比，付出高昂的价格购买一束鲜花，给爱情和婚姻增加仪式感，增强幸福感，也是值得的。

其次，爸爸妈妈要彼此包容、彼此谅解、彼此支持、彼此关爱。在同一个屋檐下生活，每天经营着柴米油盐酱醋茶的琐碎事，难免会产生各种各样的矛盾和纷争。尤其是在教育孩子的问题上，很多父母更是道不同不相为谋，意见分歧很大。在这种情况下，不要一味地说服对方，而是要多多听取对方的意见，也积极地表达自己的意见。这样才能做到彼此了解，彼此支持，最终达成一致，处理好家庭的琐事，解决好孩子的教育问题。

再次，要信任对方。正如人们常说的，信任是婚姻的基石。在婚姻生活中，如果没有信任，夫妻之间很容易因为彼此猜忌，而使感情渐渐地走向尽头。反之，有了信任作为基础，哪怕遇到一些小小的问题，夫妻之间也能齐心协力，精诚团结，向着共同的目标努力和奋进，从而圆满地解决问题。

最后，要同甘共苦。在此讲一下车王舒马赫的故事。在赛车界里，舒马赫曾经是神一样的存在，但是在退役之后，却因为滑雪发生事故摔伤了头部，而陷入昏迷之中，成为植物人。就连医生都要放弃治疗舒马赫，但是他的妻子却对他不离不弃，想尽一切办法给他提供最好的医疗条件，甚至在家里建造了小型医院，聘用了 15 个人的专业团队为他提供治疗和照顾。正是在妻子的帮助下，舒马赫才得以生存。据传，舒马赫已经醒来，但无法交流和沟通。我们难以预知舒马赫的今后，但是有一点确凿无疑，那就是他的妻子继续变卖豪宅，把所有的钱用来给他治疗。得妻如此，夫复何求？对于舒马赫而言，妻子就是他最大的靠山，就是他最坚强的后盾。

不得不说，经营好夫妻关系是很难的，尤其是要以夫妻之间的感情为基础，给孩子营造温馨幸福的家庭环境。心理学家研究发现，人与人之间的爱情只能保持很短暂的时间，维持一年多。那么，相爱的男男女女经过一年多热恋之后呢？回归到生活的琐碎中，见识到生活一地鸡毛的状态，他们还能继续保持相爱吗？有了孩子，爸爸妈妈相

爱不仅仅是保持爱情的需要，更是养育孩子的需求。从现在开始，爸爸一定要爱妈妈，妈妈也一定要爱爸爸。给孩子充满爱的环境，让孩子感受到父母的爱情，也让孩子拥有父母对他的爱。

夫妻关系是一切关系的根本，男人落实到现实生活，只要两个字“疼”和“乖”。男人要会疼媳妇儿，爱她的话说出来让对方听到，有时候一句暖心的话就会让女人无悔付出；做出来让对方感受到，一个拥抱，为忙着家务的妻子端一杯水，夹一些菜，都会让对方提升幸福指数，就会快乐好几天，时不时会想到这美好的感觉。生活就是柴米油盐酱醋茶，锅碗瓢盆交响曲，和谐才能体验美妙！

女人要学会“娇”和“服”。女人要柔情似水，做老公心目中的女神。

夫妻关系优于亲子关系

在很多家庭里，没有孩子之前，夫妻之间特别相爱，每天只要在家就会黏在一起，你侬我侬，柔情蜜意。然而，有了孩子之后，一切似乎都变了。孩子成了不折不扣的“第三者”，横亘在父母之间。有些妈妈自怀孕开始就与爸爸分床而居，有了孩子之后更是成为不折不扣的孩子奴，每天陪着孩子吃喝玩乐和睡觉，心里和生活中都没有了爸爸的位置，为此爸爸感到非常失落，甚至会吃孩子的醋。那么爸爸呢？爸爸也是如此。和二人世界的简单清净相比，三口之家的生活无疑更加慌乱和忙碌，爸爸不但要学会分担家务，与此同时也承担了更大的经济压力，因而不得不更加全力以赴地努力工作，辛苦赚钱。在这样的状态下，爸爸不知不觉间就忽略了新手妈妈的辛苦和委屈，回到家里就带孩子，走出家门就上班，已经忘记自己有多长时间没有亲吻孩子，也没有和妻子好好地过一过二人世界了。因此，夫妻关系必然越来越疏远，夫妻感情也会日渐淡漠。

上文说的仅仅是孩子刚刚出生时，父母面对的婚姻困境。那么随着孩子渐渐长大，不管是爸爸还是妈妈，与孩子之间的关系都会越来越亲密。有些爸爸或者妈妈是典型的“孩子奴”，不管做什么事情都以孩子为主导，只要有能力满足孩子的需求，就会义无反顾。渐渐地，他们忽略了配偶的需求，或者明明知道配偶有需要，也不愿意花费时间、精力和财力为配偶付出。在婚姻生活中，如果一方的情感需求始终得不到满足，他就会从对婚姻内部寻求，转化到从婚姻外部寻求。那么，为了维持良好的婚姻关系，夫妻必须认识到一点，即家庭关系中，夫妻关系对孩子的影响是最大的。从某种意义上来说，夫妻关系对孩子的影响，比亲子关系对孩子的影响更大。认识到这一点，爸爸和妈妈就会知道，爱孩子，就要先经营好夫妻关系和夫妻感情，给孩子一个幸福安定的家，这才是爱孩子的表现。

有人说，父母是孩子的老师，孩子是父母的镜子。其实，父母并非作为独立的个体承担起老师角色。在家庭生活中，父母对孩子的影响是相互作用，密不可分的。换言之，孩子继承了父母的血缘，也继承了父母的表现。基于这一点，父母在教育孩子时，一定要保持教育

立场的一致，切勿当着孩子的面产生分歧，也不要各自为营对孩子展开教育。有些孩子不够专注，不能当机立断，与他们从小就在父母不同的教育观点下成长有密切关系。对于教育孩子，父母即使有分歧，也要在背着孩子的时候达成一致。

如今有一种奇怪的现象，那就是在一些婚姻关系仍正常家庭里，往往是丈夫缺席，父亲缺席，这使妻子和孩子的感情都不能得到满足。那么，丈夫和父亲去了哪里呢？说到这里，丈夫和父亲也会感到很委屈：生活压力这么大，过日子总归是需要钱的，我们不去赚钱，怎么能维持家庭生活，怎么能养大孩子呢？的确如此。然而，这并不是丈夫和父亲缺席家庭生活的理由。在家庭教育中，父亲和母亲承担着同等重要的角色，对孩子所起到的教育作用也是均等的。虽然因为受到“男主外，女主内”传统思想的影响，很多男人主要负责赚钱养家，很多女人都承担起了照顾家庭和养育孩子的重任，但是在陪伴孩子的时候，父母都要投入大量的时间和精力。

父亲切勿认为，只要母亲全力地照顾家庭，抚养孩子，自己就没有后顾之忧了；母亲也不要认为自己已经全职在家照顾孩子，就不需要父亲分神和操心了。其实，在孩子的成长过程中，父亲作为男性和母亲作为女性对教育孩子起到的作用是不同的。通常情况下，母亲作为女性更加细致，能够更好地照顾孩子的吃喝拉撒，也能够教会孩子待人接物，但是母亲为了保证孩子的安全，常常会禁止孩子做一些事情，这使孩子会很胆小，缺乏探索的精神；和母亲相比，父亲作为男性性格粗犷，充满勇气，富有探索精神和冒险精神，所以会陪着孩子去做一些具有挑战性的事情，会鼓励孩子做一些有难度的项目。当然，父亲也会给孩子制定严格的规矩，所以父亲有助于培养孩子的纪律性和逻辑思维。只有父母配合起来对孩子进行全面的教育，孩子各方面的能力才会得以发展。

在一个家庭中，要想让孩子得到爱的滋养，要想让孩子始终快乐地成长，父母都要处于各自正确的位置上，这样才能给予孩子恰到好处的引导。当孩子粗心大意时，母亲要引导孩子细心；当孩子畏缩不前时，父亲要鼓励孩子勇敢前进。

现代社会中，母亲和父亲一样承担着养家糊口的重任，所以父亲与母亲在教育孩子方面更要进行调整和重新分工。当意识到自己因为工作忙而疏于陪伴孩子的时候，不管是父亲还是母亲，都要有意识地留出时间陪伴在孩子的身边，和孩子一起玩乐，走入孩子的内心。作为父亲，当发现自己与孩子之间的沟通和互动越来越少的时候，一定要引起警惕。此外，面对烦琐的家务，父亲也要积极主动地与母亲配合，帮母亲分担，这样家庭关系才能更加稳定、和谐。作为母亲，当发现孩子总是黏在自己的身边，不愿意与父亲亲近时，要反思自己，要创造更多的机会让孩子与父亲相处，要给父亲更多的机会关爱孩子。此外，母亲哪怕是家里的“现管”，也要尊重家里的“县官”——父亲。只有与父亲密切配合，给予父亲更多的尊重，母亲才能让自己和父亲在孩子心目中占据平等的位置，也与父亲一起给孩子提供平衡的支撑力。尤其需要注意的是，作为对家庭生活倾注全部精力的母亲，切勿当着孩子的面抱怨父亲，更不要把父亲作为反面教材教育孩子。

当家庭生活中出现这样的情况时，孩子或者会和母亲一样不把父亲看在眼里，使自己在成长过程中失去有力的榜样；或者会在内心里同情父亲，却因为害怕母亲生气而不得不假装支持母亲。可想而知，处于这样的矛盾心态中，孩子有多么痛苦。

就像人走路需要两条腿一样，父亲和母亲既是家庭生活的两条腿，也是教育孩子的两个支撑。如果父母之中有一方没有支撑孩子，或者给予孩子的支撑力不够，那么孩子的成长就会受到不良影响，孩子的发展也会处于不均衡的状态，甚至出现倾斜。长此以往，孩子的成长就会出现各种问题，夫妻之间的关系也会岌岌可危。所以，不管是父亲还是母亲，都要有经营婚姻的智慧，也要有教育孩子的策略。当父母的关系处于平衡状态，且父母互相尊重，家庭和谐幸福，孩子就有了正确的参考目标，不需要在家庭生活中站队，也就不会感到迷惘。

总之，在家庭生活中，父母作为孩子的家长一定要互相尊重，既要认识到自己在家庭生活中的重要性，也要认识到伴侣在家庭生活中的重要性。只有维持家庭生活的良好秩序，齐心协力地创建美好家庭，养育孩子，孩子才能快乐成长。

夫妻吵架订好公约是关键

在这个世界上，没有一对夫妻在彼此陪伴的过程中从来不吵架。有句俗话“不吵不闹不到头”，对于夫妻而言，吵架是常态。仔细想一想，我们就会明白其中的道理：夫妻原本是彼此独立的陌生人，各自的成长背景、教育经历、家庭环境等都是不同的，这也就意味着夫妻即使心心相印，志同道合，也会有很多不同。这样的两个人从陌生到熟悉，再到相爱，最终来到同一个屋檐下生活，怎么可能没有磕磕绊绊呢？结婚之后，原本只享受浪漫爱情的男人和女人，步入了婚姻，开始了琐碎的生活，再加上孩子的出生，又怎么可能没有更多的分歧和矛盾呢？仅就孩子教育这一项，夫妻之间就会有很多分歧，也会多次商讨，或者争吵。

虽然吵架是夫妻生活的常态，但是如何吵架，却是很多夫妻都不明白的。作为父母，一旦吵架不分时间、场合，也不懂得吵架的艺术，那么极有可能会误伤孩子。对于吵架，很多夫妻都不以为然，他们觉得夫妻吵架，只要最终能够和好，就不会有什么负面影响；甚至有些夫妻还会以“打是亲骂是爱”为借口，给自己的吵架找正当理由。为人父母，只顾着在口舌之争中占据优势，或者图一时嘴上的痛快，是万万要不得的。有了孩子之后，父母做很多事情都要考虑到孩子的感受。对于孩子而言，家是他们的根，是他们生活和成长的地方，父母是他们的依靠，是他们值得信赖的人。只要理解了父母和家对于孩子的重要意义，父母就会知道彼此争吵对于孩子而言意味着什么。看到父母吵得不可开交，甚至动起手来，嘴上不停地叫嚷着离婚，虽然父母都知道这是对方的一时气话，但是孩子会以为自己的父母不再相爱，自己的家就要分崩离析了。有了这样的想法之后，孩子将会感到非常恐惧。

有些孩子看到父母发生争吵，还会把原因归咎于自己。他们会问自己：是不是因为我，父母才会吵架？是不是因为我做得不好，父母才会感到不满意？爸爸这样对待妈妈，会不会也这样对待我？在这样的恐惧中，孩子彷徨无措，心惊胆战。那些经常在吵架时要离婚的父母，压根儿不知道他们辛辛苦苦为孩子建立的安全感，在他们说出离婚的那一刻，已经失去了。孩子没有安全感，就会感到恐惧不安。如果父母经常争吵，经常扬言要离婚，那么孩子在这样的环境中成长，渐渐地就会既不信任爸爸，也不信任妈妈。

有婚恋专家提出，男孩或者女孩在寻找人生伴侣的时候，最好要先了解对方的家庭情况。所以，父母再也不要认为孩子还小，不懂事，不会为父母要离婚而担忧，哪怕因为父母吵架而恐惧，也很快就会忘记。事实并非如此，夫妻之间产生任何矛盾，都会对孩子带来直接的负面影响，使孩子深受打击。所以作为父母，不要再动辄吵架了，请给孩子一个温暖有爱的家吧。

夫妻之间，除因为自身原因而争吵之外，还有可能因为孩子发生争吵。由此一来，孩子不再是父母吵架的旁观者，而是变成了父母吵架的当事人。因为孩子而吵架，意味着父母对待教育孩子的态度是不同的，对待教育孩子的方式方法也是有分歧的。面对有着不同观念和做法的父母，孩子往往感到很迷惘，他们仿佛必须选择支持爸爸或者妈妈，总不至于把这两个人都得罪了。为此，孩子很艰难地选择跟着爸爸还是跟着妈妈，也会因为在具体做某件事情的过程中得到了爸爸妈妈不同的命令而无所适从。对于这种情况，爸爸妈妈必须提前沟通好，达成一致，或者约定在一方教育孩子的时候，另一方不得干涉，从而尽量减少对孩子的负面影响。

那么，具体来说，夫妻之间面对分歧，怎么做才能避免争吵，才能给孩子良好的成长环境呢？

首先，避开孩子进行讨论和协商，切勿当着孩子的面争吵。孩子是很敏感的，他们也时时刻刻关注着父母。一旦父母之间言语不和，他们就会有所感触；一旦父母之间动了拳脚，他们就会在不知不觉间效仿父母，甚至产生暴力倾向。所以，明智的父母不会当着孩子的面肆无忌惮地争吵，以免破坏孩子的安全感，也不会当着孩子的面打架，以免孩子变得爱动手，喜欢暴力。当彼此都处于情绪的巅峰状态中，无法控制内心的愤怒，忍不住要与对方理论或者一较高下时，不如当即离开所处的环境，暂时与对方分开，这样等到情绪渐渐恢复平静了，也就不会再争吵。

其次，夫妻之间不管是吵架还是打架，都不要把孩子当筹码。这一点在妈妈身上更为常见。也许是因为妈妈自认为在婚姻中处于弱势地位，自认为不以孩子为筹码就没有分量，所以她们常常在怒火冲天的时候向孩子数落配偶，也会在歇斯底里要离开家的时候想要带着孩子一起离开。仿佛只有抓住了孩子这根“救命稻草”，妈妈就不至于输得太惨。其实，妈妈的这种想法大错特错。夫妻之间不管发生什么事情，都要以给孩子稳定的生活为目标，切勿彼此争吵，更不要彼此伤害。只有和平解决出现的问题，孩子在家庭生活中才能感受到温暖，有安全感。

也有的夫妻非常幼稚，他们作为成年人都在因为不能判断某件事情的对错而争吵不休，却非要拉来孩子为自己评理。归根结底，他们需要的不是正义和公理，而是孩子的支持。这种做法无疑会加重对孩子的伤害，原本孩子可以作为旁观者置身事外，现在却被拽入事情之中无法逃离，还要面临手心（妈妈）手背（爸爸）都是肉的窘境。

还有些夫妻特别残忍，他们在动了离婚的心思时，当即就会问孩子："如果爸爸妈妈离婚了，你选择跟谁？"亲爱的爸爸妈妈们啊，你们怎么就不明白，你们问孩子这个问题的残忍程度不亚于在生死存亡的关头问爸爸妈妈要救哪个孩子的残忍程度。孩子选择跟妈妈，就会觉得愧对爸爸；孩子选择跟爸爸，就会觉得愧对妈妈。实际上，孩子原本是可以不参与其中的。

跟大家分享一个夫妻之间吵架前要订立好的公约。这个公约订立好以后，双方必须无条件遵守。

1. 文明吵架，尊重对方人格，不侮辱对方。夫妻吵架不能当着父母、亲朋好友的面吵架，更不能骂对方家属、长辈等，在公开场合给对方留有足够的面子。

2. 不要过多地争论对错是非。不管谁对，男方要表现出男人的绅士风度，轻声哄女方三次，女方则要快速原谅对方。

3. 在家里吵架，不能赌气外出或做伤害身体的事情，若要换环境转移注意力，则不能走出小区 2 公里范围。

4. 双方吵架过后 1 小时内，必须相互写检讨书，找出自己的过错、不指责对方的错误。

5. 吵架时，不能砸家里的任何东西，枕头、毛绒玩具可以砸，但不能割坏，更不能对着人、对着门窗外砸。

6. 吵架的情绪状态，不能保留太久，更不能过夜，晚上睡觉时，双方必须拥抱在一起。

7. 吵架第二天晚上，双方都要相互给对方按摩、捶背、揉肩半个小时以上。

8. 吵架时，双方都不能提“离婚”二字。

9. 双方不能用狠话、脏话，不挑衅激惹对方，不攻击对方人身安全。

10. 如果女方委屈流泪，应立即停止吵架，男方要给女方擦泪，并拥抱安抚。

无规矩不成方圆，国有国法家有家规，夫妻双方在结婚成家后，尽快订立好相关条约，你们的感情会在自己订立的条约中得到保障。在这个保障中去经营婚姻，这样的夫妻会是这个世界上永远的神仙伴侣。

订立条约要保证公平、自愿、可操作的原则，这就要夫妻双方真诚地说出自己的想法。只有充分了解对方的性格、心理才能订出符合实际的条约。

最后，在发生争吵之后，要安抚孩子的情绪，抚平孩子心中的伤痛。孩子心中的伤痛是看不见摸不着的。如果父母认识到争吵给孩子带来的负面影响，那么就要及时安抚孩子，抚平孩子的创伤；如果父母压根儿没有认识到争吵对孩子的伤害，那么孩子只能任由伤口慢慢

结疤，永远地留在自己成长的记忆里。

抚平孩子的创伤，要先告诉孩子为何争吵。有些父母会认为孩子很小，对于家里的事情没有知情权，更没有参与权，所以他们即使因为一些家务琐事闹得不可开交，也不愿意告诉孩子。把孩子蒙在鼓里，对于孩子而言是很不好的，因为孩子会因此陷入无端的猜测中，却始终得不到肯定的回答。

在告诉孩子事实真相之后，父母还要及时向孩子道歉，告诉孩子在遇到问题时一味地争吵是不对的，也让孩子知道怎样才是解决问题的好方法，从而消除争吵、打架等行为对孩子带来的负面影响。必要的时候，要问问孩子对此是怎么看的、怎么想的，从而引导孩子把心中的感受表达出来。

在所有的家庭中，共同生活的夫妻都会因为各种各样的事情而争吵不休，这原本无可厚非。但是如果因为争吵而严重影响到孩子，伤害了孩子的内心，那么爸爸妈妈必须积极地反省自己，尽力保护好孩子稚嫩的心灵。

互相不抱怨，家庭更幸福

很多夫妻特别喜欢抱怨。他们根本没有意识到抱怨有多么可怕，更没有意识到解决问题的根本方式是什么，仿佛除了抱怨，他们无计可施。在这样的状态下，家庭生活会陷入不幸，夫妻之间会因此而剑拔弩张，互相不理解，互相指责和挑剔，最终感情淡漠，关系疏远，使婚姻岌岌可危。

有一点毋庸置疑，即家庭生活一定会出现各种各样的问题。这是因为家庭生活是琐碎的，会有柴米油盐酱醋茶的操劳，也会有衣食住行和孩子教育、老人赡养问题的压力。最清净的生活当然是单身生活，然而既然选择了婚姻，就要负起责任。由此可见，一个人在从单身迈入婚姻生活前，一定要做好充分的心理准备，才能从容应对两个人乃至三口之家的生活。

在解决问题的诸多方式中，抱怨是最无效的。首先，抱怨会使怒气在家庭生活中蔓延，甚至使与问题不相干的家庭成员也因此而郁郁寡欢。其次，抱怨会导致问题恶化。因为抱怨带有指责的消极意味，是发泄情绪的一种方式，却不是解决问题的方式，与其抱怨，还不如商讨如何解决问题。最后，抱怨会疏离夫妻关系。例如，妻子抱怨丈夫挣钱太少，没有功成名就；丈夫有可能抱怨妻子是个黄脸婆，不能给自己长脸。由此一来，抱怨就会变成互相指责，使家庭战争升级。最后，抱怨会给孩子带来负面影响。孩子长期生活在抱怨的环境中，听到爸爸妈妈总是抱怨，他们一则会心情低落，郁郁寡欢；二则会在潜移默化中受到影响，也习惯于抱怨。

那么，抱怨是如何产生的呢？在家庭生活中，如果夫妻一方总是站在自己的立场上思考问题，非常强势，对所有事情都独揽大权，那么就会变成不折不扣的抱怨者。这是因为他们不管思考什么问题都会从自身的角度出发，不知道如何才能有效地解决问题，就以抱怨这样

的消极形式自怨自怜，推卸责任。反之，那些行动能力强的人则会第一时间采取行动，争取有效地解决问题。也因为他们不那么斤斤计较，所以会对配偶更加宽容。通常情况下，在家庭生活中，妈妈是更容易抱怨的。例如，妈妈不但要工作，还要照顾全家人的生活，满足全家人衣、食、住、行、用等方面的需求。有些妈妈辞掉工作，全职在家照顾孩子，为了节省开销，还会承担起教育孩子的重任，不但负责孩子的早教，还在孩子进入学龄阶段后负责辅导孩子完成作业等。在这种情况下，如果爸爸收入很多，妈妈就会抱怨爸爸不管家里的事情；如果爸爸收入不够多，家庭经济生活相对拮据，那么妈妈就会抱怨爸爸不能给家人创造更好的生活。其实，妈妈的做法是极其失策的。

当妈妈抱怨孩子学习不好，表现不佳时，孩子会感觉自己受到了深深的侮辱。为此，孩子的童年会充满阴影，感到压抑。这样不但会影响孩子的智力发育，也会影响孩子的品格塑造，对孩子的成长是绝无好处的。

很多父母都会抱怨孩子不够爱父母，不能理解和体贴父母的难处与辛苦。其实父母也不知道对于孩子而言，他们有多么重要。在每一个孩子的心目中，父母的一言一行都是他们模仿和学习的榜样。尤其是对于年幼的孩子而言，他们还没有判断和甄别的能力，因而常常会不加选择地吸收父母给予他们的一切影响，包括积极的影响和消极的影响，也包括父母表达情绪和解决问题的方式。作为父母，即使是很多人心目中的成功人士，也会不知不觉地在孩子面前暴露自身的缺点和不足。例如，他们的自私狭隘，他们的小肚鸡肠，他们的脆弱不堪，他们的爱慕虚荣，他们的喜欢攀比等。孩子受到父母这些特点的影响，渐渐地也会变成这样的人。等到长大成人之后，他们甚至会沿袭父母的做法，对父母经常抱怨。毫无疑问，他们的家庭生活也会受到抱怨的影响，充满暴戾之气，不那么幸福和美满。

除这些显而易见的抱怨之外，父母还有隐形的抱怨。所谓隐形的抱怨，目的性不那么强，不是为了发泄愤怒，但是会对孩子的心理造成一定的影响。例如，很多父母都会当着孩子的面诉说生活的艰难，告诉孩子自己工作有多么辛苦，总而言之就是在孩子面前卖惨，从而让孩子知道不努力上进就会饱尝生活的艰辛，以这种方式逼着孩子勤奋刻苦地学习，不要重蹈覆辙。父母的这种做法很聪明吗？当然不是，反而非常愚蠢。因为父母在当着孩子的面这么说的同时，也无异于告诉孩子父母的人生已经定型，无法改变，所以父母只能把所有的希望都寄托在孩子的身上，希望孩子能够努力改变这一切。这恰恰表现出父母的自私，也表现出父母缺乏行动力的缺点。如果孩子长期在这样的环境中成长，他们也会缺乏行动力，缺乏自信，并且常常会逃避责任。面对自己不如意的现状，父母应该采取正确的做法，以言传身教的方式教育孩子。例如，父母要坚持拼搏，绝不轻易放弃；父母要努力上进，改变现状；父母即使能力有限，也要争取做到最好。当孩子看到父母一直在努力生活，在坚持不懈地改变现状，哪怕父母不会对孩子进行语言教育，孩子也会受到积极的影响，也会在整个家庭向上

的氛围中保持努力的姿态和自信的状态。

从现在开始，不管是爸爸还是妈妈，都要知道抱怨带来的负面作用和消极影响，从而戒除抱怨。很多时候，我们并不会朝着真正想抱怨的人抱怨，反而会对无关者抱怨。而在家庭生活中，如果夫妻之间彼此抱怨，那么无关者就是孩子。父母既爱孩子，就不要让孩子成为父母负面情绪的垃圾桶。那么，要想改变抱怨的消极状态，彻底戒掉抱怨的坏习惯，父母要做到以下几点。

首先，要用心“看见”。很多时候，我们只是用眼睛看到了糟糕的现状，却没有用心“看见”现状背后隐藏的深层次原因。这使我们在抱怨的时候是盲目的，也使我们的抱怨完全无效。

其次，要学会与相关的人沟通。既然都要说出来，与其白白浪费唇舌和无关者抱怨，或者和相关者因为抱怨而争吵，不如学会和相关者进行有效沟通。抱怨与有效沟通最本质的区别在于，抱怨带有负面的情绪，含有指责和挑剔的意味；而有效沟通的目的是解决问题，是要提出问题—分析问题—达成一致—展开行动，才能解决问题的。在有效沟通的推动下，我们会惊喜地看到问题一步一步地得到解决。

再次，心怀宽容。爱抱怨的人都有心胸狭隘的特点，他们不能宽容他人的不足和错误，又因为心急而当即开始抱怨。殊不知，既然在同一个家庭里生活，我们就要建立共同的目标，也要能够在遇到难题的时候同心协力去解决难题。而抱怨，只会导致家庭成员离心离德，对于解决问题没有任何好处。在家庭的世界里没有对与错，只有爱与被爱的关系。自我与执着，只能带来痛苦。人与人之间的吵架与国家之间的战争，都因“有我”而引发。心里只有自己时，总嫌别人做得不够；心里只有别人时，总嫌自己做得不好。

我们要明白生命中的所有问题都源于我与别人的对立分别，消除对“我”的执着，才会让世界变得越来越美好。

最后，要多多鼓励，以欣赏的目光看待家人。曾经有位名人说，这个世界并不缺少美，缺少的只是发现美的眼睛。对于爱抱怨的人而言，同样如此。在家庭生活中，不管是对待配偶，还是对待孩子，我们都要拥有发现的眼睛，以欣赏的目光看到他们身上的闪光点，在他们有了小小的进步之后，也要及时鼓励他们。人，都是需要得到鼓励的，这样才能充满动力。既然如此，我们何不成为对方最坚定不移的支持者，给予对方最强劲的动力呢？家的意义也正在于此。从现在开始，就让我们当不抱怨的妈妈，给自己、给配偶、给孩子一个幸福的家吧。

父母有智慧，教育有权威

在孩子成长的过程中，父亲扮演着很重要的角色，肩负着教育的重任。在漫长的成长过程中，孩子还没有学会明辨是非，对很多事情也没有自己的判断，父母需要对孩子言传身教。每当孩子犯错误时，

还要为孩子指出错误，督促孩子及时纠正。如果说母亲的职责主要是照顾孩子的饮食起居，辅导孩子学习等，那么父亲的重要职责之一就是教会孩子分辨是非，形成善恶观。父亲必须首先树立威严，才能对孩子产生说服力，才能让孩子重视父亲所说的话。

孩子小时候都特别崇拜自己的父母，他们对父母言听计从。在他们的心目中，父母的形象是非常高大的。然而，随着孩子一天天长大，他们的人生观和世界观渐渐成形，他们迫不及待地要走向独立。尤其是在进入青春期之后，孩子的叛逆心理越来越强，他们处于矛盾的心态中，一方面渴望独立自主，另一方面又不得不依靠父母而生存。这使孩子与父母的矛盾日渐凸显出来，关系也处于对立状态。看到青春期的孩子变得叛逆，父母往往很困惑：孩子这是怎么了？曾经那个乖巧可爱、听话懂事的孩子哪里去了？孩子为何要与父母对着干，还常常与父母顶嘴呢？在这个时期里，如果父母不了解孩子的身心发展规律，也不知道孩子的心理状态和情绪状态，亲子关系就会剑拔弩张。作为父亲，要主动肩负起引导孩子的重任，要多多与孩子谈心，要在孩子心目中树立威严，才能让家庭教育进展得更加顺利，也能达到预期的效果。

一直以来，人们都认为母亲是慈爱的，而父亲是威严的。在很多家庭里，父亲的确扮演着威严的角色，表现得很强势。他们不但是家庭经济的支柱，也是很多大事的决策者，往往说一不二，可以号令全家人。那么，父亲树立威严的形象有何意义呢？对于孩子而言，威严的父亲能够引导他们的成长；对于整个家庭而言，威严的父亲可以决定家庭经济的走向，让家庭生活更加安定。然而，威严不是发号施令，也不是颐指气使，更不是居高临下地俯视所有人。父亲要正确理解威严的含义，而不要盲目地认为对家里人说话粗声大气就是威严，也不要认为对孩子非打即骂就是威严。

父亲既不要对孩子过于威严，也不要过度宠溺孩子。有些父亲不愿意扮演威严父亲的角色，就会对孩子娇生惯养，无限度地满足孩子的各种要求，对孩子有求必应。日积月累，父亲在孩子心目中毫无威严可言，等到有朝一日孩子需要依靠父亲的引导时，父亲可能无法承担起这样的重任。不得不说，这是家庭教育的误区，也是父亲的失败。

近些年来，当年轻父亲的人多是“80后”和“90后”。“90后”还好，很多“80后”小时候没少被父亲打骂。不管是做错了事情，还是学习成绩退步，那些粗暴的父亲动辄就会打骂孩子，使孩子即使长大成人也为人父了，依然记得被打骂的滋味。这使他们走向两个极端，一个是自己吃够了被打骂的苦，不愿意让孩子也和自己有同样的遭遇，因而对孩子特别和善；另一个是曾经被打骂的成长经历在他们的心目中留下了阴影，所以他们不知不觉间也以同样的方式对待自己的孩子。其实，教育孩子是一件复杂的事情，不是以简单粗暴的打骂就能做好的。一味地打骂孩子，只会让家庭生活陷入恶性循环之中。从短期来看，孩子也会以同样的方式对待父亲；从长期来看，孩子还有可能以同样的方式对待自己的孩子。不得不说，这是非常糟糕的结果。

和对待儿子非打即骂相比，父亲在对待女儿的时候也许会手下留情，但是他们的嘴下却不会留情。在诸多对待女孩的错误方式中，以否定女孩最为严重。父亲明知道女孩不能打，就用语言挖苦、讽刺、嘲笑，就极尽否定之能事，打压女孩。日积月累，女孩渐渐地失去了自信，不愿意再努力上进，只想赶快逃离父亲的身边。如果没有足够坚强的内心，女孩很难从这样的生命阴霾中成长起来，也很难修复与父亲之间冷漠疏离的关系。

日常生活中，大多数父亲为了养家而不懈奔波，辛苦忙碌。平日里，他们很少陪伴孩子，对孩子的生活也知之甚少。但是只要父亲回到家里，孩子见到父亲就会像老鼠见到猫一样心惊胆战。这样的威严，产生于遥远的距离，既包括物理距离，也包括心理距离，还包括感情距离。当父亲在家庭中营造出令人感到恐怖的、阴森压抑的氛围，不仅孩子想要逃离，就连母亲都感到无所适从。很多父亲在以严厉的方式管教孩子的时候，还不允许母亲干预，否则就会牵连母亲。这使孩子感到孤立无援，也更加恐惧。所以，父亲一定不要以冷暴力的方式树立威严，否则会与孩子的关系越来越疏远。缺乏良好的亲子关系，不但家庭教育无法展开，也会使孩子的性格发展出现缺陷。

那么，具体来说，父亲应该如何树立威严呢？

首先，父亲要尊重母亲，也要与母亲统一战线。如果父亲不尊重母亲，孩子尽管表面上畏惧父亲，心里也会疏远和憎恨父亲。如果父亲不能与母亲统一战线，而是与母亲各自坚持以自己认为正确的教育方法对待孩子，那么孩子就会无所适从。父亲与母亲必须统一起来，作为一个整体对孩子开展家庭教育，才能起到事半功倍的效果。

其次，以身示范，言出必行。有些父亲在家中说一不二，他们以宽松的标准对待自己，而以严苛的标准对待孩子，这会使他们在孩子心目中的威严大大降低。要想赢得孩子的信任，父亲首先要对得起孩子的信任。最直截了当的做法是，兑现对孩子的承诺，和孩子一起遵守家里的“各项规则”。

再次，明辨是非，善恶分明。在家庭生活中，父亲不应该扮演和稀泥的角色，而是要立场鲜明，坚持原则。在处理很多事情的时候，父亲的态度也要非常鲜明，能够坚定自己的立场。很多父亲都有中庸的思想，不知不觉间就影响了孩子，使孩子认为自己也要和父亲一样夹起尾巴做人。不得不说，我们固然不能太过高调和张扬，却也不要处处压抑和委屈自己。此外，父亲还要坚持原则，既要宽容友善地对待他人，也要在遭遇不公正的对待时据理力争，维护自己和孩子的权益，这样才能给孩子做好榜样，让孩子更加勇敢和坚强。任何时候，对的就是对的，错的就是错的，善良与邪恶不会同流合污，美好与丑陋也不会同流合污。

最后，成为情绪的主人。每一个父亲都要成为情绪的主人，控制好自己的情绪，避免自己做出失控的举动。如果父亲不能掌控好自己的情绪，在与孩子之间发生矛盾和争执的时候，常常处于歇斯底里的状态，那么非但不能处理好亲子关系，解决亲子间的问题，反而有可

能使事情更加恶化。

养育孩子第一步，先养情感。“教育孩子，一定是情感在前，约束在后。”没有付出情感，亲子之间缺乏依恋，就会失去对孩子的约束力。缺乏温度的管教，只会把孩子推向对立面；只有在爱的前提下，规矩才能行之有效。

有威严的父亲不怒而威，对孩子恩威并施，让孩子愿意听从自己的教诲，却不专制、不独裁，任何时候都能做到尊重和平等地对待孩子。没有威严的父亲哪怕刻意地与孩子保持距离，说话的声调提高八度，也未必能让孩子愿意听自己的。成为有威严的父亲，才能教育好孩子，才能和孩子一起成长。

父亲是山，儿子是峰，无论父亲这座山多么高大，都要让孩子成为更高的峰。如果你想让孩子“后浪推前浪”超越你，就要放下对抗和责备，给孩子依靠，让其充满安全感。同时，不要展示自己“无所不能”，而是放下你的“臭架子”，让孩子看到你的普通和不足。只有这样，儿子对父亲的“敌意”或“隔热层”才会慢慢消除，他才会认同你、接受你，并且感受到你和他真是“一条船上的”。如果你能够经常表达出对孩子的需要和期望，孩子就会通过超越平易近人的父亲而获得莫大的成就感，他的自尊心得到了维护和增强，自信越来越足，动力也会越来越强。作为父亲的你，岂不乐哉！

对于很多父母而言，如何平衡工作和生活，他们常常会感到左右为难。工作，关系到个人职业生涯的发展和整个家庭的经济状况；生活，关系到家庭照顾得好不好和孩子的成长能否更加顺利。如果时间很宽裕，那么父母还可以进行充分的思考，尽量在面面俱到的情况下兼顾工作和生活。但是，职场上的形势瞬息万变，常常会有一些艰巨的任务不期而至。那么面对突如其来的艰巨任务，父母必须做到全力以赴，在最短的时间内圆满完成。这种情况下，他们只能把工作放在第一位，又怎么能平衡工作和生活的关系呢？

也许有人会说：如果一份工作挤走了家庭和生活在你生命中的位置，那么你还有什么必要继续做这份工作呢？这样说的人，一定从未被生活逼到无路可退的困境中。太多的人没有家世，没有背景，只能靠着自己努力拼搏。当他们辛辛苦苦工作十几年，终于在职场上小有成就时，他们是无法当即放弃这一切的。当如同拼命三郎一样不知疲倦、夜以继日地工作时，父母难免会惦记着家，惦记着孩子。然而，过度的劳累使人麻木，在好不容易有时间休息片刻的时候，如果作为父母的职场人士累得坐着都能睡着，他们也就根本无暇顾及家庭和孩子。太多的人背井离乡外出打工，和孩子分居两地；太多的人为了工作疲于奔命，已经很久都没有和家人一同吃饭了。这就是生活的无奈。

说了这么多看似无法解决的问题，很多父母也许心中松了一口气：太好了，我有这么多理由无法面面兼顾，我是不是就可以全力工作，不再操心孩子了？当然不是。实际上，即使工作再忙碌，我们也必须

挤出时间来照顾家庭，陪伴孩子，兼顾工作与生活。有人曾经说，工作的目的是更好地生活，生活的目的却不是工作。所以，我们要把工作当成创造美好生活的手段，而不要把工作当成生活的唯一。

一个人的时间和精力是有限的，如果把大量的时间用于工作，就注定要挤压分配给生活的时间；如果把大量的时间投入家庭，则意味着工作上必须提高效率，尽量缩短时间。很多时候，作为父母，虽然给家庭创造了经济收入，但却成为时间的穷人。有这样一个故事。一个父亲周日依然把自己关在书房里对着笔记本奋力工作，孩子推开书房的门，怯生生地问："爸爸，你一个小时能赚多少钱？"父亲回答："两百元。"孩子离开了，过了一会儿抱着储钱罐回来了。他对父亲说："爸爸，储钱罐里有三百多元钱都给你，你能陪我玩一个小时吗？"孩子的这句话说得乖巧，却让父亲在心中默默流泪。他当即放下手里的工作，陪孩子玩了整整一个下午。他知道即便如此也无法弥补他的缺席给孩子带来的遗憾，他决定哪怕少挣一点儿钱，以后也要多多陪伴孩子。

现代社会中，许多人在职场上叱咤风云，极大地实现了自身的价值，回到家里却感到非常寂寞。因为当他们披星戴月地回到家时，同住的老人和孩子都已经睡着了。从现在开始，再也不要过那种同住一个屋檐下，却与孩子彼此都不见面的生活了。早晨早点儿起床，和孩子一起吃早餐；晚上早点儿回家，陪孩子一起游戏，一起阅读，一起睡觉。岁月很长，成长却是短暂的。父母要知道，在孩子漫长的一生中，父母真正能够参与且与孩子全心陪伴的时光，只有眼下。

不可否认，在竞争日益激烈的职场上打拼是很辛苦的，但是并不意味着父母可以以此为借口缺席孩子的成长。如果我们工作的目的就是让孩子幸福，那么我们为何不在此时此刻就给孩子幸福呢？

实际上，工作与生活并不需要拼个你死我活，而是可以两者兼顾。只要端正对工作和生活的态度，只要当好时间的主人，我们就可以合理地分配时间，兼顾工作与生活。有很多人做着自己喜欢的事情，在事业上有所成就，也能常常抽出时间来陪伴家人，他们无疑是人生的赢家。看到这里，也许有些父母会说，他们一定是家族企业，不需要从底层拼搏。其实不然，他们之中也有从事很底层工作的人，也不乏有企业中的中高层管理者。归根结底，他们只是对美好的生活心向往之，从来不会找各种借口和理由逃避而已。

要想重新拥有生活，享受生活，夫妻都要努力做到以下几点。

首先，敞开心扉拥抱和接纳家人，真诚地对待他们。那些执着于工作的人，甚至不知道家人喜欢吃什么，喜欢做什么。他们对家人毫无了解，每天回到家就是按部就班地吃饭、睡觉，仿佛家是一个餐馆，也有留宿的功能。长此以往，我们与家人之间就会越来越冷漠，越来越无助。在家庭生活中，只有每个人都敞开心扉，才能彼此熟悉，彼此了解，才能积极地改进和完善家庭生活。

其次，今日事今日毕，拒绝拖延，尤其是在产生矛盾和分歧的情况下。很多夫妻都是拖延高手，对于那些容易解决的问题，他们三言两语就达成了共识。而对于那些不好解决的问题，他们则会采取拖延战术，以工作忙、需要照顾孩子等理由搪塞问题，直到这些问题再也不被提起。其实，这些问题不是消失了，而是被隐藏在婚姻不为人知的角落中，也许有一天就会突然浮现出来，成为婚姻中的致命伤害。

最后，勇敢地面对冲突，解决问题。家庭生活中经常会有很多问题需要解决，当一方向着另一方把问题提出来的时候，另一方很有可能会感到不耐烦，也会以自己工作很忙为借口逃避。这使沟通的氛围很紧张，充满了火药味，很容易爆发冲突。从某种意义上来说，爆发冲突对婚姻是好事情，因为这能让婚姻中的很多问题浮现出来，得以解决。

需要注意的是，为了保持沟通的良好氛围，在沟通的过程中最好保持冷静、客观的态度，尽量做到多多陈述事实，不要加入主观的色彩和强烈的态度。要知道，我们沟通的根本目的在于解决问题，而发泄情绪只会使一切变得更加糟糕，对于解决问题毫无益处。

大多数父母都想趁着年轻的时候为家庭夯实基础，但是孩子的成长是不可错过的，对家人的陪伴是不可延迟的。我们要学习做生活的加法和减法，既然想要得到，就要学会舍弃，这样才能保持平衡。人们常说，没有人知道意外和明天哪个先来。从生命无常的角度来说，我们也要珍惜当下，活在当下，尽量不要留有太多的遗憾。

爸爸妈妈不是“救世主”

美国心理学家卡普曼从戏剧中总结了三个角色，即受害者、迫害者和拯救者。他认为，每个人心中都住着这三个角色。受害者总是自我怜悯，迫害者总是扮演着正义的角色，想要审判他人，拯救者则喜欢对他人付出，帮助他人。受害者自怨自怜，迫害者充满控制欲，拯救者则造就了很多依赖者。在这三个角色中，拯救者最容易肩负起所有的责任，认为没有自己是万万不行的。那些被拯救的人，在不知不觉间就会习惯于索取，习惯于依赖，失去独立生存的能力。很多人看到这里都会产生误解，即觉得拯救者一定是无所不能的强者，有着坚强的内心，任何时候都不会感到恐惧。其实，事实恰恰相反。很多拯救者都害怕自己不能得到他人的认可和肯定，所以就以主动帮助他人的方式来证明自身存在的价值和意义。他们的内心充满了恐惧，充满了无力感，所以他们才反其道而行之，表现出自己无所不能的样子。从这个意义上来说，拯救者的形象与受害者的形象产生了部分重叠。

在现实生活中，一个人并非只扮演单一的角色，而是在受害者、迫害者和拯救者之间轮转。例如，在家庭生活中，父母辛辛苦苦地工作，供养整个家庭。如果父母认为自己的付出是值得的，那么他们就

是家庭的拯救者；如果父母认为自己的付出是不值得的，自己完全是因为受到孩子的拖累才活得这么辛苦，那么父母就自认为是受害者。这里再回到我们开篇所讲述的问题。一个老好人在单位里对待每个同事都很好，极其温柔有耐心，热情喜欢帮助人，但是回到家里性情暴躁，冲动易怒，就是因为他们的角色从在家以外的拯救者，变成家内的迫害者。也许是因为在家以外的地方表现得太过完美，他们严重透支了自己的爱，所以回到家就需要吸收爱作为能量，就需要发泄心中压抑的愤懑情绪。

可以确定的是，一个人不管扮演怎样的角色，都还会扮演其他角色。这三种角色不但在同一个人身上扮演，在家庭这出戏剧中，也会在不同的人身上轮番上演。这样的角色转换，使家庭生活变得更加复杂多变。例如，爸爸批评孩子，爸爸是迫害者，孩子是受害者。妈妈如果因为心疼孩子而与爸爸争吵，妈妈就成了孩子的拯救者，爸爸的迫害者。某一天，如果爸爸正在批评孩子的时候，妈妈刚巧有事情离开了家，那么孩子不但会憎恨爸爸，还会抱怨妈妈没有留在家里保护自己，认为妈妈和爸爸一样是迫害者。不得不说，在这样的家庭关系中不是有一个三角形，而是根据情形的变化有多个三角形。那么，最明智的做法是什么呢？换言之，当爸爸批评孩子的时候，妈妈如何才能不成为爸爸的迫害者、孩子的拯救者呢？如果妈妈能够做到这一点，那么意味着妈妈也将不再是孩子的迫害者。正确的做法是改变自己，而不要试图改变爸爸，更不要试图改变孩子。这样一来，三角游戏就缺失了一个角，也就不能称为“三角游戏”了。例如，妈妈可以在父子之间的冲突平息下来之后，耐心地和孩子一起分析如何才能做得更好，如何才能避免问题发生，如何才能解决矛盾。在背着孩子的情况下，妈妈也可以和爸爸沟通怎样更好地教育孩子，怎样给予孩子更需要的帮助。

在绝大多数家庭里，很多父母都扮演着拯救者的角色。或者是爸爸从孩子与妈妈的冲突中拯救孩子，或者是妈妈从孩子与爸爸的冲突中拯救孩子，还有可能是爸爸妈妈一起从孩子与老师的冲突中拯救孩子。这样的三角关系太过复杂，也会使每个人扮演的角色轮转更快，与此同时，问题也变得更加棘手。那么作为置身事外的人，我们一定要控制住自己的冲动，切勿因为一时着急就让自己成为拯救者。只要事态的发展没有失控，就当好冷静的旁观者，说不定还能说出一番让矛盾双方都茅塞顿开的大道理来呢。

从孩子的角度来说，在家庭生活中，孩子无疑处于弱势地位。一是因为孩子力气小，二是因为孩子年龄小，三是因为孩子缺乏人生阅历，四是因为孩子没有独立的经济来源。作为孩子，虽然要学会察言观色，但不要随随便便向爸爸或者妈妈求助，否则就会把原本作为旁观者的爸爸或者妈妈也拖到旋涡中心。大多数孩子误以为只要拯救者出现，自己就能得到保护，也免予被责难，其实事实往往会事与愿违。有些孩子发现，因为拯救者的出现，迫害者反而会变本加厉。例如，在很多有老人帮忙的家庭里，如果年轻的父母正在教训孩子，老人却

突然横加阻挠，那么为了抵消老人产生的负面作用力，年轻的父母就会对孩子更加声色俱厉。所以，作为受害者的孩子要慎重求助，作为拯救者的长辈，也要慎重介入，以免事态升级。

为了把握好介入的尺度，我们还要明确一点，那就是只有当事人才最有发言权，作为旁观者最好不要在矛盾双方都情绪激动的情况下指手画脚。他人的悲情戏剧尽管正在上演，我们却不能盲目地跟着哭红了双眼。在现实生活中，充满了各种各样的负面情绪，我们唯一需要做的就是走出自己的戏剧，跳出戏外，也走出家人的戏剧，冷眼旁观。这样，我们才能尽量保持情绪的愉悦，也能及时消化自己的不良情绪。当家里的每一个人都能这样超然物外，适度关注他人的悲喜，那么整个家庭氛围就会更加平静，所有的家庭成员才会有机会享受岁月静好。

第三章 亲子关系：遇见孩子，遇见更好的自己

如果我们从来不曾关注小孩的内心，又怎么会成为合格的父母，养育出优秀的孩子呢？每一个父母都有可能为亲子关系的诸多问题而感到烦恼，每当这时，不如先反观自身，知道自己是不完美的，也就不会再苛求孩子完美。作为父母，当我们自己坚持成长的时候，孩子也会和我们一起成长起来。

接受孩子的不完美

对于绝大多数父母而言，最难的是什么？说起这个问题，每一个父母肯定都有一肚子的话要说，也都有一肚子的苦要诉。有些父母认为照顾新生儿最辛苦，有些父母认为陪伴青春期的孩子最难，有些父母认为孩子学习不好最让人着急，有些父母发愁孩子没有特长……总而言之，不少父母对孩子不满意，就连那些学霸的父母也会挑剔自家孩子身体弱，性格内向，不善言辞，不喜欢体育运动，只有很少的朋友，等等。这就是孩子的不完美，这就是父母吐槽孩子的借口。我们先不论孩子是否真的不够完美，请问父母：你们都是完美的吗？听到这个问题，父母一定会大吃一惊：怎么问到我们身上来了？当然可以问到你们身上了，因为你们觉得孩子不完美，所以孩子也会觉得你们不完美。也有的父母会说“我们的人生已经定型了，孩子的人生还有无限可能”。的确如此，但是难道父母就因此把所有的期望都寄托在孩子身上，而对自己自暴自弃，破罐子破摔了吗？如果父母不曾给孩子树立努力上进的榜样，又有何资格强求孩子一定要成为拼命三郎呢？父母是孩子的老师，孩子是父母的镜子；父母的一切行为都会对孩子产生影响，孩子的一切行为根源都在父母身上。认识到这个道理，父母就会知道自己是无法与孩子撇清关系的。孩子不管是优秀还是平庸，

不管是出色还是普通，都与父母密切相关。

看了这段文字，亲爱的父母们，你们还会奢求孩子完美吗？如果你们能摇摇头表示否定，或者在心里暗暗地提醒自己“我也不完美”，那么接下来，请你们接受孩子的不完美。与父母相比，孩子真的很宽容。虽然父母的学识、阅历、经济实力等都关系到孩子的未来，但是孩子从未要求父母必须出类拔萃，必须是最优秀的父母。如果说有朝一日孩子长大成人了，学会对父母横挑鼻子竖挑眼了，那也与父母曾经对孩子的挑剔和苛责密不可分。相比孩子对父母无条件的爱，父母之爱孩子尽管也无私，却附加了很多条件。例如，父母希望孩子身体健康，品德高尚，学习成绩出类拔萃，各方面都高人一等，逢考必过，逢奖必拿。在父母殷切的期望中，孩子感到压力山大，小小年纪就背负着沉重的书包四处奔波，坚持学习，他们很少有无忧无虑的时刻，很少有机会能够痛痛快快地玩耍。面对苛求型的父母，孩子即使再优秀，在成长的道路上也永无止境。

在父母的高标准和严要求下，孩子时刻感到紧张，总是被焦虑的情绪湮没，正因如此，如今才有越来越多的孩子患上了抑郁症，甚至有些孩子小小年纪就走上了轻生的道路。试想一下，成人见识到了人世的繁华，尚且会有崩溃的一瞬间，如果孩子从出娘胎就背负着沉重的压力前行，又怎能始终坚持下去呢？在他们身后，父母一直催促着，在鞭策和激励他们，使他们片刻也不能停歇。

很多孩子为了迎合父母，让父母感到满意，拼尽全力争取在学习上有更好的表现，却因为天赋的限制，环境不给力，并不能如愿以偿，他们只能取得小小的进步。他们为自己的小小进步而欣喜，渴望父母能够看到他们的进步，给予他们哪怕一句话的鼓励。但是父母却始终无视他们的努力，不问他们学习的过程，而直接要求他们奉上学习的丰硕成果，这无疑是为难孩子了。

真正成熟的父母，未必能够给孩子提供最好的成长条件，未必能够给孩子买最贵的学区房，未必能够陪伴孩子走遍世界，但是他们深刻而又清醒地认识到了一点，那就是他们的孩子不会是最优秀的，反而有极大的可能过着普通的生活，拥有平凡的一生。既然如此，他们也就不会苛求孩子，更不会逼迫孩子。看到孩子原本考了倒数第一，现在考了倒数第二，父母就会真诚地祝贺孩子，而不是在孩子考了倒数第二名的好成绩之后，冷冷地问孩子为何没有考倒数第一名。他们会看到孩子身上的闪光点，即使确信孩子在学习方面的确没有天赋，也会看到孩子很擅长唱歌、跳舞或者画画，希望孩子将来能够成为歌唱家、舞蹈家或者画家。也有的父母更加豁达，他们甚至会想到：如果孩子真的不是学习的料，考不上名牌大学，只要能学会一些技能养活自己就很好。做最坏的打算，并不意味着彻底放弃培养孩子，而是会向着最好的方向努力，坦然地接受一切可能的结果。

现代社会，每个人生存的压力都很大，父母要为了生活而忙碌奔波，孩子要为了学业而拼尽全力。有些父母本身胸无大志，却把希望都寄托在孩子身上，每时每刻都在激发孩子的斗志，希望孩子更加争强好胜，更加不服输。这是一个唯物主义的世界，很多事情并非我们凭着主观上的意愿就能实现。父母固然要鼓励孩子争取获得成功，却

也要教会孩子从容地面对失败。当有一天孩子感到疲惫不堪，不想再如同永不停歇的机器一样学习，父母要尊重孩子的意愿，要给孩子放松的机会。

每一个苛求孩子必须完美的父母，都是因为在内心深处对自己不满意。他们无法重新谱写自己的人生乐章，就把所有的希望一股脑儿地堆叠在孩子身上，而不管小小年纪的孩子能否承受。最终，孩子或者不堪重负，使父母的希望彻底落空；或者彻底反叛父母，坚持要实现自己的人生价值。

作为父母，要想不再奢求孩子绝对完美，就要勇敢地面对自己内心的小孩。对于自己人生的遗憾，父母要真正地接受，才能内心释然。当父母与自己内心的小孩真正和解了，对于自己的孩子，父母才会采取宽容和接纳的态度。当然，要想做到这一点，父母就要深刻地剖析自己的内心，必要时可以寻求心理医生的帮助，这样才能“看见”自己苛求孩子完美的心理成因和心理动力。俗话说，解铃还须系铃人，父母只有从自己身上着手，才能提升自己的价值感，从根本上消除心中对孩子的执念，还给孩子自由的人生。教育是包容，不完美才是真。每个孩子都是一个不完美的天使。家长切记不要苛求孩子。

只要能把自己的兴趣爱好发展到极致就是成功，就是巨大的成功。接受孩子的不完美、包容孩子的不完美，是教育的前提和环境。虎爸虎妈只会扼杀孩子的天性，扼杀孩子的幸福，扼杀孩子天真烂漫的童年。

教育不是培养完美，而是让孩子发展自己，成为自己，成为最好的自己。

教育就是生命的成长，而不仅仅是知识的增加。

蔡元培先生说："教育的本质是展个性，尚自然。"

爱孩子，一定要有限度

如今，越来越多的父母开始重视孩子的心理健康。他们或者阅读一些与儿童心理相关的书籍，或者主动报名参加心理学课程。其目的就是要更加了解孩子的成长，走入孩子的内心，打开孩子的心扉，更好地与孩子相处，建立和谐融洽的亲子关系。不得不说，这对于父母而言是极大的进步，对于孩子而言是最好的消息。

当然，也有一些父母因为不加选择地如同海绵吸水一样学习心理学知识，反而变得迷惘起来。这是因为心理学领域中流派众多，不同的心理学家都有自己的观点和见解。父母看多了专业人士的书籍之后，在教育孩子的过程中反而束手束脚，不知道自己应该如何做才能避免误伤孩子。其实，父母也没有必要这样如履薄冰。父母是第一次当父母，孩子也是第一次当孩子，父母只要把握好教育的原则，坚持教育的底线，就不会犯太过严重的错误。即使偶尔犯了错误，也可以将其视为是与孩子共同学习、进步和成长的机会。怀着这样的心态，父母会觉得更轻松，孩子也会更自在。

近些年来，很多父母改变了教育的观念，更新了教育的思想，在教育孩子方面有了很大进步。但是也有些父母对于如何教育孩子产生了困惑。例如，对于爱与自由，常常有父母不知道什么是真正的爱与自由。曾经，他们对孩子严格管控，严令禁止孩子做很多事情，又对孩子提出很多苛刻的要求，使孩子无所适从。后来，他们读了一些专业文章，意识到自己限制了孩子的自由成长，压抑了孩子的天性，因而就对孩子采取放任自流的态度。这样的父母完全不明白所谓自由都是相对的，自由不代表要放任孩子，放松孩子。所谓无条件地爱孩子，并非说我们要全盘接受孩子的一切行为表现，而是要接纳孩子本来的样子，给孩子制定规矩，规范孩子的言行举止，消除对孩子的功利心，让孩子顺应天性去成长。

毕竟不是每个父母都是教育学家和儿童心理学家，也不是每个父母都能读懂心理学著述。就算父母把诸多教育名家的教育思想和育儿方法熟记于心，也要根据自家孩子的情况进行调整。任何成功的教育都要以人为本，因人而异，否则一旦脱离了特定的孩子，就会失去现实的意义。

如今，太多的父母都真正无条件地爱孩子，给予孩子绝对的自由，使孩子像脱缰的野马一样自由自在地成长，如同疯长的野草一样肆意张扬。我们必须严肃地更正——父母之爱子，一定要有限度。给孩子有限度的爱，包含以下几个方面。

第一，父母不要溺爱孩子，不要无限度地满足孩子。20 世纪 80 年代后，很多孩子都是家中的独生子女，这使他们成为全家人的希望。父母更是把孩子视为心尖子、命根子，不管家里有什么好吃的好玩的，第一时间都会先给孩子；不管孩子提出多么过分的要求，只要能够做到，就会满足孩子的要求。在父母的溺爱之下，孩子娇纵成性，唯我独尊，从来不把父母和长辈放在眼里，在学校里和同龄人相处的时候也矛盾频发，使成长面临很大的困境。

面对孩子的各种要求，明智的父母会加以选择。他们只满足孩子合理正当的要求，对于那些不合理且不正当的要求，父母则会拒绝孩子。这样做一则可以让孩子知道他们不可能有求必应；二则让孩子学会承受拒绝，面对生活中的各种不如意，对于历练孩子的内心大有裨益。

第二,一定要让孩子明确行为边界，给孩子立下规矩，让孩子享受有限度的自由。在这个世界上，并没有绝对的自由。在大自然中，植物和动物虽然很自由，但是它们受到生物链的制约，遵循生物链的规律，如弱肉强食。

在家庭生活中，父母如果不给孩子明确行为边界，孩子一旦离开家，进入社会，就有可能做出超越界限的事情，使自身承受危险，也引起他人的不满。孩子如果不懂得遵守规矩，是很危险的。例如，在野生动物园里违规下车导致被动物咬伤，为了避免购买动物园的门票翻墙进入动物园而掉落虎山，这都是不守规矩的表现。每一个合格的社会人都要懂得遵守规矩，守住行为边界，才能符合社会规范，保证自身安全，也为社会的良好运转贡献一份力量。

第三，不要给孩子过于充足的物质条件，不要让孩子索求无度。很多父母因为忙于工作，无法抽出足够的时间陪伴在孩子身边，为此

他们对孩子心怀愧疚，觉得自己亏欠孩子很多，因而就以给孩子提供丰厚的物质条件或者给孩子大量金钱的方式试图弥补孩子。不得不说，这不是对孩子的爱，而是对孩子的害。

如果孩子长期生活在要风得风、要雨得雨的环境中，他们就会变得越来越贪婪，产生更多的欲望，直至坠入欲望的深渊。他们不仅仅因为需要而向父母要很多东西，也会为了获得父母的关注而向父母要很多东西。渐渐地，父母与孩子之间唯一的关联变成了要东西。这是多么脆弱的亲子关系，多么贫瘠的亲子感情啊。

从实现自我价值的角度来说，如果孩子总是轻轻松松、毫不费力就能得到自己想要的一切，那么他们就不会有经过努力得到想要东西的喜悦和成就感。此外，对于拼尽全力供养他们的父母，也会缺乏感恩之心，甚至还会抱怨父母给不了他们想要的关注与关爱。

渐渐地，孩子活在父母的庇护之下，哪怕到了而立之年、不惑之年，也依然需要依附于父母才能生存。他们并不因为依附于父母，就与父母交好，反之，他们与父母的关系剑拔弩张。因为他们与父母的关系是建立在金钱和物质基础上的，岌岌可危，经不起任何考验。

第四，让孩子承受挫折，提升孩子的心理耐受力。现代社会中，不时有各个年龄段的孩子跳楼自杀的悲剧发生。作为父母，想不明白孩子衣食无忧、生活优渥，为何要以这种方式结束生命。他们哪里知道，孩子从小到大都在父母无微不至的照顾下成长，他们人生的道路也是父母铺就的，从未承受过任何挫折的打击，甚至连不如意都很少遇到。在这样的情况下，当孩子渐渐长大，走出家庭，走向社会，父母无法继续凭着自己的能力全面地照顾和保护孩子，当孩子不得不独自面对各种挑战时，他们就会感受到严重的挫败感，也会无法面对挫折。试想：温室里的花朵怎么能禁得起狂风暴雨的摧残呢？反之，那些一直在野外环境里生长的植物却无比顽强，生长得枝繁叶茂。

父母之爱子，则为之计深远。明智的父母，不会刻意地为孩子营造一切美好的假象，而是会早早地让孩子认识到人生的不如意，让孩子体验到各种挫折与磨难。当父母坚持这样去做，孩子在面对人生的风风雨雨时就不会再不堪一击，而是能够如同勇敢的海燕，迎风冒雨飞翔。

总之，父母只有有限度地爱孩子，孩子才能健康茁壮地成长。从现在开始，就让我们学会把爱收敛一些吧，把握好给予孩子爱的限度，让家庭生活也更加幸福和睦！

不当控制型父母，放飞孩子的未来

对于孩子，中国式赞美极具特色，例如，赞美孩子听话乖巧，特别懂事。每当听到有人如此赞美孩子的时候，父母总是感到很开心。这是为什么呢？因为在绝大多数父母心中，孩子就是应该听话懂事，这是父母教育孩子成功的证明，也是孩子有教养的表现。所以，每当听到有人如此表扬孩子时，父母觉得对方其实是在变相地称赞自己在教育孩子方面非常成功，心里美滋滋的。不得不说，这样的思维完全

是错误的，毫无逻辑可言。

不管是听话懂事的孩子，还是乖巧可爱的孩子，他们都有一个很明显的特点，那就是对父母言听计从。不管父母说什么，他们都会按照父母说的去做；不管父母发布什么命令，他们都会第一时间遵照执行。长此以往，孩子对父母特别顺从，渐渐地失去了自己的主见，哪怕对父母的安排感到不满，也不敢表达出来，更别说违背父母的命令和要求了。那么，孩子有没有自己的要求呢？当然有。孩子是一个活生生的人，有自己的思想，有自己的主见。所有顺从的孩子并非完全没有主观的想法，只是他们在牺牲自己的要求，以此满足父母的要求。长此以往，孩子变得越来越没有主见，也不会坚持自己的立场，而是人云亦云。在此过程中，他们也会忽略自己的感受，而更多地关注和照顾他人的感受。

作为父母，在要求孩子听话懂事之前，为何不先想一想孩子自身的情绪和感受，以及孩子真正的需求呢？孩子固然要采纳父母合理的建议，却不能失去自己的思考；孩子固然要变得越来越优秀，却不应该是为了迎合父母，而是他们想要获得进步和成长。如果孩子长久地顺从父母的要求，他们就会形成讨好型人格，压抑和委屈自己，而讨好和愉悦他人。当孩子对父母表现出这样的人格特点，他们不仅会这样对待父母，也会这样对待其他人。也就是说，孩子绝不会只以这样的交往模式对待父母，也会取悦所有人。可想而知，当孩子在性格的驱使下这么做的时候，他们有多么累，有多么压抑。

在很多亲子关系中，父母会发现孩子尽管很顺从父母，接受父母的一切安排，努力达到父母的所有要求，但是他们与父母的关系却很微妙。这是因为孩子在以隐蔽的方式对抗父母，这种行为被称为“妥协性报复”。这使孩子与父母表面上相安无事，实际上暗流涌动。父母和孩子都能感受到这种关系的异常，但是没有人说破这个问题，这也使亲子关系貌合神离，父母与孩子之间很难真正敞开心扉，彼此接纳和包容。

毋庸置疑，每个孩子在内心深处都想做自己，而不愿意变成父母的提线木偶。有些父母对孩子的控制欲特别强，他们明知道过度掌控孩子是不好的，但就是无法控制自己对孩子指手画脚。这样的父母或许是担心孩子在外面受到伤害，或许是不放心孩子自主决定很多事情，总而言之，他们有无数的理由继续全面掌控孩子。由此一来，亲子关系进入恶性循环之中，父母对孩子的控制有增无减，孩子的独立愿望越来越强烈。这正应了那句话，不是孩子离不开父母，而是父母离不开孩子。作为父母，如果自身缺乏安全感，就会把自己的感受投射到孩子身上，就会认为孩子很不安全，由此一来更想要了解和把控孩子的所有情况，还美其名曰自己是在保护孩子。

从孩子的角度来说，他们必须勇敢探索，才能自由成长。如果父母把自身不安的情绪和感受强加于孩子身上，那么渐渐地孩子也会感到很不安。他们时刻牢记“我必须保护自己”，因而在进行探索的时候就会束手束脚，甚至放弃挑战很多危险的项目。在这样的情况下，孩子如何能够证明自己的能力，又如何能够不断地突破和超越自我呢？父母要认识到，保护孩子固然重要，激励孩子不断地超越自我、成就

自我更为重要。没有人能够不受到一点点伤害就长大，孩子在成长过程中难免会磕磕绊绊。父母要适度地保护孩子，而不要因为担心孩子的安全就束缚孩子，捆绑孩子。

俗话说，一朝被蛇咬，十年怕井绳。如今，很多父母不是因为孩子已经受到了伤害而保护孩子，而是因为担心孩子受到伤害就杞人忧天。也有些父母看到孩子正在成长，会联想到自己在和孩子一样年纪的时候受到了怎样的伤害，由此过度控制孩子。父母要知道，每一个新生命从呱呱坠地开始就具备让自己获得快乐的能力，他们也对这个世界充满好奇，充满渴望。既然如此，我们就应该想方设法地激励孩子发挥自身的潜能，让孩子获得更多的快乐，在成长的道路上飞速前进。

心若改变，亲子关系随之改变

有人说，父母是孩子最好的老师。有人说，孩子是父母的镜子。这两种观点有着异曲同工之妙，都告诉我们父母对教育孩子起到的重要作用，以及父母在教育孩子的过程中肩负着不可推卸的重要责任。不可否认的是，在孩子的成长过程中，父母在亲子关系中始终占据主导者的地位。每一个新生命呱呱坠地时都是一张白纸，洁白无瑕，正等待着描摹着色。换言之，在缺乏自我意识并且形成独立思想和主见之前，幼儿是染之黄则黄，染之苍则苍的。那么，如何经营好亲子关系，如何引导孩子健康快乐地成长？父母在其中发挥着重要的作用。

为此，很多父母都会尽力发挥自己对孩子的影响作用，只希望孩子在成长的道路上少走弯路，也希望自己能够激发孩子所有的潜能，让孩子在学习方面表现得出类拔萃。这一点固然重要，但父母也要认识到另一面，即父母要通过孩子更好地觉知自己。因为唯有父母成为更好的父母，孩子才能成为更好的孩子。如果父母只是对孩子提出要求，而对自己毫无觉知，那么这样的父母是教养不出好孩子的。

父母在觉知自己的过程中，要先看到自己未被满足的心理需求。很多父母对此感到疑惑不解："我未被满足的心理需求，应该与自己的父母有关，和我的孩子有什么关系呢？"的确，每一个人未被满足的心理需求都与自己的父母有关，但是，也会与他们自己的孩子有关。因为这些未被满足的心理需求，一直对父母产生影响，使他们对待自己孩子的方式发生改变。例如，父母小时候常常被自己的父母关在家里写作业，那么当看到自己的孩子可以自由自在地玩耍时，他们就会感到很委屈：我小时候被关在家里，你凭什么就可以快乐地玩呢？这是潜意识里的声音，父母对此毫无觉察，但是他们会在这个声音的驱使下，禁止孩子玩；或者在孩子玩的过程中，总是想要缩短孩子玩耍的时间。作为父母，只有意识到自己深层次的心理，才能更好地对待自己的孩子，而且避免自己的孩子承受自己童年时期的遗憾和不满。这也就是很多心理学家所说的，每个人都要关照自己的内在小孩，与自己的内在小孩和解。

反之，如果父母不能觉知自己，那么他们在养育孩子的过程中会

很容易陷入“本能教育”的模式。即父母遵从内心的声音，按照本能去对待孩子，使自己在教育孩子的过程中很少思考，而是采取“自动导航”的模式，让家庭教育处于“无人驾驶”的状态。这不仅对孩子的教育不利，对父母自身也是极其不利的。父母会因为那些没有发生的事情而陷入焦虑模式，也因为对孩子做出了冲动的举动，活在对孩子的懊悔之中。父母非常主观，总是以自己的标准去要求孩子，也会以自己的判断去强求孩子。在这样的家庭教育模式下，父母只看到孩子的行为，而从来不去挖掘孩子隐藏在行为背后的深层次心理动机。这样一来，父母就凭着自动反应不假思索地对孩子采取一些举措，不知不觉间就会伤害孩子的心理和情感。

太多的父母陷入这个怪圈而不自知，太多的父母都对孩子采取了这样错误的教育模式。要想改变现状，最重要的就是及时进行自我觉察。与其等到伤害了孩子之后再试图抚平孩子心中的创伤，修复已经出现裂痕的亲子关系，不如防患于未然，争取提前把许多事情做得更好。

也有很多父母会感到懊恼，因为他们尽管知道对孩子歇斯底里地爆发是不好的，但就是无法控制住自己。例如，一位妈妈每次看到孩子玩手机到了约定的时间，却没有主动放下手机，就会在催促孩子一次之后大喊大叫起来：“我说了几遍了？下次如果不知道结束，那么就不要开始了。你到底长没长耳朵，你的耳朵就是个摆设吧！”这个时候，孩子已经放下手机，结束玩游戏了，妈妈却依然喋喋不休，开始诉说自己操持这个家有多么辛苦，孩子却不懂事不听话，丈夫也从来不帮一点点忙。如果这位母亲有自我觉察的精神，能够觉知到自己真实的心理状态，那么她就会知道她其实不仅仅是对孩子不满，更多的是对伴侣不满，在因为一些生活琐事而烦躁的时候，就把情绪发泄到孩子身上。这样能够解决问题吗？她的伴侣依然万事不管，孩子却对她渐渐疏远，不愿意与她亲近。正确的做法是，在感到特别疲惫且无法继续勉力支撑下去的时候，把自己操持家庭生活中遇到的困难和障碍告诉伴侣，把自己的感受告诉伴侣，并且告知伴侣自己想要得到怎样的帮助和关爱。很多时候，伴侣未必是不愿意分担家务，而是不知道该干什么，或者是不知道妻子需要得到怎样的支持和帮助。如果沟通到位，能够让彼此更加了解，那么夫妻之间就可以做到相互扶持。如果家庭生活更加幸福和睦，父母与孩子之间的关系就会发生根本性的转变。

那么，作为父母，我们如何才能及时地自我觉察呢？

首先，要诚实地面对自己的情绪。很多父母都爱自欺欺人。例如，妈妈明明是因为和丈夫吵架，才把怒气发泄在孩子身上，结果却找了个孩子完成作业不认真的借口，冠冕堂皇地怒斥孩子，使孩子成为妈妈情绪的垃圾桶。孩子感到特别委屈，却没地方说理去。

其次，勇敢面对现实。最近这段时间，网络上常常有中年人痛哭的视频，为此网络上流行一句话：中年人的崩溃往往就在一瞬间。的确，中年人承受着巨大的压力，上有老下有小，再遇到点儿急事或者突发情况，情绪就会决堤。然而，我们固然可以哭泣，却不要逃避现实。因为任何问题最终要想得到圆满解决，必须采取切实有效的办法，

而逃避、哭泣等都只能让我们暂时缓口气。休息片刻，继续前行，才是中年人该有的人生态度。

再次，在自我觉察的前提下，心平气和地沟通，齐心协力地解决问题。一个问题不管是产生于夫妻之间，还是产生于亲子之间，最终的解决都要依靠有效的沟通，分析问题，也要依靠采取的切实措施，解决问题。

最后，不抱怨，以问题的发生为契机，进行调整。家庭是一个整体，每个家庭成员都对家庭的幸福和睦肩负着重要的责任。作为父母，当对孩子情绪失控之后，不要沉浸在懊悔自责的情绪中无法自拔，而是要以此为契机端正自己的心态，调整自己的情绪，重新建立与其他家人之间的关系。尤其是对孩子，孩子的心灵是很稚嫩的，如果父母歇斯底里地对孩子发泄情绪，孩子不但会受到伤害，还会感到深深的恐惧。那么父母要及时安抚孩子，必要时要向孩子道歉，得到孩子的原谅，从而才能与孩子一起面对现状，及时进行调整。

不要再让亲子关系困扰我们，当我们进行自我觉察和感知后，产生了一念之间的改变，我们就能让亲子关系产生根本性的改变，也会让家庭生活发生令人惊喜的变化。

爸爸好情绪，孩子更快乐

在这篇文章里，我们要和大家分享一位父亲的信。

尊敬的安老师：

您好！听了您关于情绪管理的课程后，我有了很大的收获，终于释怀了多年以来对我父亲的怨恨。之前，我只知道怨恨父亲是不对的，但是无论如何也解不开自己的心结。

正如您所说的那样，我父亲是一个非常情绪化的人，与此同时，他也是我们家的顶梁柱。平时，父亲在家里说一不二，这也就变相扩大了他的情绪化对我的不良影响。

在我小的时候，他经常去外面打工，一去就是两三个月。一年的时间里，他顶多能在家里住半年左右。他在家时，我基本上一言不发，因为我不知道自己哪句话说错了，就会惹怒他。虽然我和父亲同处一个屋檐下，但是每时每刻都渴望自己能够和童话中的人物一样变小，或者随便变成个什么昆虫飞走，远远地逃离这个家。

在我的印象中，任何事情都可以成为父亲发脾气的理由。例如，妈妈把饺子煮漏了，或者我帮忙干活却干得不好，或者平时我遇到熟人没有及时打招呼，或者我早上起床太晚了，等等。每次发火，他不

只是说几句或抱怨几句那么简单，而是会揪着我们的“小辫子”，没完没了地数落。最让我崩溃的是，他还会把之前同类的事情拿出来一起说。他的这种情绪一旦被激发，就要持续三五天。过了这几天，等到当下的这件事情慢慢地平息之后，过不了多久，同样的事情又会再次发生。正是因为父亲喜怒无常，所以我的整个童年都过得不快乐。说起来令人难以置信，每当父亲在家的时候，我总希望他能无视我，当我不存在，这样我才会感觉日子好过一些。

毫无疑问，父亲对我的影响是很大的。在上学的十几年时间里，我都非常自卑，总觉得自己事事不如人。即使对于自己擅长的事情，我也会因为害怕被指责而不敢主动去做，直到现在，我依然如此。

现在，我也成了父亲。我的孩子出生之后，父亲主动提出要帮我们带孩子，我是排斥的，因为我不想让我的儿子变得和我一样！

在听了安老师关于情绪疗愈的课程后，我试着用情绪自我觉察疗法疗愈自己。刚开始时，我根本不相信这段简单的文字会对我产生作用。但是当我坚持用这段文字对自己疗愈 3 次之后，我的内心真的发生了神奇的改变——我心里的疙瘩变小了。我继续用这个疗法，一个星期之后，我的感觉越来越好了，因为多年的疙瘩已经全部化解了。我的心里没有疙瘩了，我的内心变得轻松了。当看到父亲时，我也不像之前那么纠结了。现在，我可以平静礼貌地向父亲表达我的谢意，并且告诉父亲：“您辛苦了一辈子，该安享晚年了。就让我们好好孝顺您，照顾您吧，不能让您再受累帮我们带孩子了，我们自己的孩子自己带。”父亲听了我的话，脸上浮现出多年以来罕见的笑容，看得出来他是真心高兴的。

我与父亲之间的关系之所以能够得到改善，我们整个家庭的生活之所以有了变化，都要归功于安老师。在此，我也要感谢棋盘井第一小学的尚校长，不辞劳苦地为我们搭建了家校共育平台，使我们作为家长也有机会学习和成长。再次真诚地感谢大家。

在这封信里，他心情愉悦，情真意切，不但觉察到了他父亲的情绪对他的深远影响，也意识到自己作为父亲，不能再让儿子重蹈覆辙。的确，在一个家庭里，父亲的情绪是很重要的。如果父亲情绪暴躁，喜怒无常，那么家庭就无异于经常发生“地震”，每一个家庭成员都会失去安全感，置身于不安和恐惧之中。尤其是对于年幼无助的孩子而言，他们原本以父亲为自己的天，为自己的地，现在父亲却成为让他们恐惧的来源，这使孩子胆战心惊，畏缩怯懦。他们从小就习惯于看父亲的脸色行事，长大之后也依然看别人的脸色行事；他们从小就习惯于照顾别人的情绪，保持隐忍的状态，他们长大之后也会委屈自己，而不能开心地笑、痛快地哭；他们常常保持沉默，因为不知道自己的哪一句话会激怒父亲；他们总是在讨好父亲，唯一的希望就是想让父亲少生一次气，少对他们歇斯底里……

心理学家提出，孩子的安全感更多地来源于父亲。由此可见，如果父亲成为情绪的火药桶，孩子的安全感就会失去。父亲永远不知道他暴怒的情绪给孩子的一生带来了怎样的伤害，有些孩子在童年时期被父亲的情绪伤害，哪怕用尽一生也无法治愈自己。家是一个封闭的

系统，家里的每个成员之间，情绪都会相互影响。其实，成绩好的孩子和成绩差的孩子之间就差一个好情绪，而孩子的情绪和家长之间有着不可分割的关系，妈妈的好脾气是孩子的运气，爸爸的好情绪是家庭幸福能量的来源。

面对这样的声讨，父亲也许会说："我就是脾气不好，怒气来得快，去得也快，所以不要与我计较。"请问父亲：既然您知道自己脾气不好，为何还会任由自己肆意发怒，伤害他人呢？既然您都要求别人不要与您计较了，为何不能主动反观自身，调整好情绪，控制好脾气呢？

如果不想让孩子如履薄冰、委屈地成长，就从现在开始改变吧，不要让怒火烧遍孩子的心灵，也不要让孩子在父亲的暴怒下提心吊胆，迫不及待地想要逃离那个本该温馨有爱的家。

很多孩子都经历过父亲情绪的过山车，也都会感到疑惑：为何父亲前一秒还和颜悦色，后一秒就面目狰狞了呢？孩子不知道父亲是情绪的俘虏，他们只会认为父亲不爱他们，也不喜欢他们了。很多父亲以为孩子会健忘，却不知道孩子是特别敏感的，他们能够感受到父亲情绪的微妙变化，也会根据父亲的情绪及时地调整自己的身心状态。作为父母，不要再让孩子苦苦等待我们说出"对不起"，何不在孩子还小的时候，换一种方式与孩子相处，得到孩子一句真心的感谢呢？

优秀的父母才能教育出优秀的孩子

作为父母，如果心中有心结，那么不但放不开自己，也无法照顾和抚养好孩子。年轻的夫妻从孩子出生就自然升级为父母，他们从未想过当好父母是多么难的一件事情。他们凭着本能当父母，把孩子当成天赐的礼物，也把孩子当成能给自己带来快乐的玩具。直到孩子渐渐长大，父母不可避免地对孩子感到不满，也与孩子之间爆发了各种矛盾和冲突，作为父母，才如梦初醒般地开始思考自己应该如何当好父母。

看着孩子委屈的模样，看着孩子通红的眼睛，看着孩子噘起的小嘴，父母不知道孩子有多么伤心难过。也许在这一刻，父母真心诚意地想要改变教育的方式，给孩子营造充满爱与自由的成长环境。到了下一刻，孩子又犯了错误，惹得父母生气，父母马上就会把前一刻的所思所想完全抛之脑后，当即再次开启“河东狮吼”的模式。他们说着冠冕堂皇的理由，打着爱孩子的旗号，只想让孩子对他们言听计从。他们带着成人的思维去评判孩子，认为孩子就应该不挑食，就应该爱吃水果，就应该认真听讲，就应该乖巧可爱。只要孩子表现得不让父母满意，父母对孩子的爱就会大打折扣，甚至以嫌弃的目光看着孩子，恨不得自己从来没有生过孩子。

在家庭教育中，这样的冲突不胜枚举，不是以天为单位发生，而是以小时，甚至以分钟为单位发生。不得不说，父母怎么看孩子都不顺眼，是极其可怕的一件事情。这意味着孩子不管做什么事情都是错的，都不能得到父母的认可，日久天长孩子就会感受到挫败，也会开始怀疑自己。父母除会与孩子发生冲突之外，在共同抚养孩子成长的过程中，还会产生分歧，各执己见，由此而产生矛盾。那么，在家庭里，育儿到底应该由谁说了算呢？其实，父母不是孩子的主宰，父亲不是母亲的主宰，母亲也不是父亲的主宰，孩子更不应该成为父母的主宰。家是一个单位，每一个家庭成员都应该维持良好的关系，互相配合，精诚合作，才能让家庭保持正常的运转，才能让所有的家庭成员对生活感到满意。

在家庭教育中，要想养育出优秀的孩子，除父母之间要密切配合，父母与孩子要建立良好的亲子关系之外，父母还要坚持学习，坚持成长。在如今的时代里，社会发展的速度很快，整个社会都呈现出日新月异的状态。俗话说，“人生如同逆水行舟，不进则退”。其实，不仅人生需要保持进步的态势，每个人也都要保持进步。作为新时代的父母，我们要摒弃传统的教育观点，认为生了孩子就是父母，而是要认识到想当好父母绝非那么容易。

父母教养孩子，会受到很多因素的影响，例如，父母的原生家庭、接受的教育、人生的阅历等。其中，父母无法决定自己拥有怎样的原生家庭，就要进行自我觉察，切勿把从原生家庭中带来的伤害延续到孩子身上。如果父母接受的教育程度比较低，那么要坚持学习。如今有很多学习的好方式，不需要完全脱产，而是可以一边工作一边学习，这样一来就能做到工作、学习两不误。对于人生的阅历，父母要开阔自己的眼界，丰富自己的知识，更新自己的观念，如果没有足够的时间和财力支持走遍天下，至少可以多多读书，丰富和充实自己的心灵，通过书本了解更多的人和事情。总而言之，父母必须先意识到自己需要坚持学习，才能真正做到坚持学习和成长。

人都是有局限的，不仅有自身的局限，也有时代的局限。学习的目的就是打破局限，这样我们才能激发自身的潜能，争取做出更好的表现。作为父母，既要把孩子看成独立的生命个体，还要坚持以全新的目光看孩子，要看到孩子每时每刻的成长和变化，从而给予孩子更好的对待。

在很多家庭里，因为孩子的教育问题，父母不是彼此有分歧，就是与孩子之间发生各种战争。其实，当父母意识到自己只要求孩子变得优秀，而自己却始终处于止步不前的状态时，内心就会释然。对于任何人而言，改变自己很难，改变他人则更难。所以在改变他人之前，我们应该先改变自己。作为父母，尤其如此。

太多的父母都进入了一个误区，他们迫不及待地想要塑造孩子，改变孩子，却完全忽略了自己才是最应该改变的。当父母足够优秀，孩子也就会变得更加优秀。在进行深刻的自我觉察，也真正做到完善自我之后，父母才能着手引导孩子朝着更好的方向去发展和成长。具体来说，要想让熊孩子走上正道，父母要做到以下几点。

第一，叫停。在家庭生活中，不管家庭成员处于怎样的状态，父

母都要有一种魔力，那就是紧急叫停。紧急叫停可以避免事态恶化，也能让胡闹的熊孩子当即停下来，从而反思自己的行为。在暂停的过程中，父母也可以从激动到平静，从而避免对孩子做出过激的冲动之举。

第二，看到。很多父母一旦对孩子感到不满，就会当即爆发情绪。其实，年幼的孩子需要更多的时间看到父母的情绪，了解父母的情绪，从而对父母的情绪做出回应。因而在管教孩子的时候，父母需要放下手里正在做的事情，切勿一边埋头做事，一边对孩子发泄不满。明智的父母会让孩子看到自己的面部表情，会以语言表达和肢体动作等方式向孩子表达情绪，从而帮助孩子尽快意识到父母真的生气了。

第三，聆听。太多的父母因为忙碌，没有耐心聆听孩子内心的声音。这使亲子相处很容易产生误解，父母无法了解孩子，孩子不懂得父母。作为父母，要知道自己很有必要向孩子表达情绪，也很有必要了解孩子的情绪和感受。当然，在这么做之前，父母最好先为孩子指出错误，告诉孩子自己为何感到愤怒。不可否认的是，很多孩子的确不知道自己哪里做错了，父母为何会生气。只有为孩子指明错误，向孩子表明父母的态度，也告诉孩子如何改正错误，孩子才能做得更好。

第四，寻求最有效的方式处罚孩子。对于父母而言，处罚孩子的目的很简单，那就是希望孩子未来不要再犯同样的错误。偏偏有很多父母不能以此为出发点处罚孩子，而是会在被孩子激怒之后，肆无忌惮地向着孩子发泄情绪，使孩子成为情绪的垃圾桶，这无疑是非常糟糕的。最终，孩子也许记住了父母暴怒的样子，却完全忘记了父母为何生气，也完全不知道自己要怎样做才能避免同样的情况再次发生。

需要注意的是，在处罚孩子的时候，父母一定要保持理性，切勿以体罚的方式让孩子感受到疼痛，更不要对孩子做出过激的举动，让孩子感到恐惧和无助。不管在什么情况下，孩子都是最依赖和信任父母的，父母也是他们在这个世界上唯一的依靠。所以，父母要始终牢记保护和关爱孩子的初心，这样才能在处罚孩子时避免冲动和过激。等到结束了处罚，父母要及时地拥抱孩子，亲吻孩子，让孩子再次真切地感受到父母的爱，让孩子郁结于内心的情绪能够缓缓地流动起来，感受到安全和温暖。

俗话说，“青出于蓝而胜于蓝”。父母唯有坚持成长，变得越来越优秀，才能培养出更加优秀的孩子。父母在各个方面给孩子做好榜样，孩子的成长就有了目标和方向。

夸奖和鼓励比巴掌和责骂更重要

在这篇文章里，我们要分享一篇来自银川市西夏区第七小学家长的感言。

尊敬的樊老师：

您好！迷茫的人总需要一盏明灯来指路。今天下午，您的一堂课成了我心中的指路明灯。我是西夏区第七小学的家长杜曦霞。自孩子

开学，我和孩子的关系每天都处于针锋相对、剑拔弩张的状态。孩子急躁不安，我也焦虑成病。每天只要张口说话，我就忍不住要指责和命令孩子。尤其是在孩子写作业时，我的家里更是鸡飞狗跳。

今天，您的一席话使我茅塞顿开。我终于明白了不是孩子不好，而是我们作为家长在与孩子沟通时出现了问题。虽然人人都会说话，但是这并不代表人人都能把话说好。没有掌握好方法的沟通，就是无效的沟通，有些恶言恶语还会变成伤人的利器。

古人云，“良言一句三冬暖，恶语伤人六月寒”。作为父母，我们仿佛已经习惯了高高在上地命令孩子，我们误以为孩子是没有自尊，没有主见的。其实，我们的想法完全错了。孩子不但有思想，有主见，而且自尊心很强。与孩子说话时，我们更是要做到谨慎地思考，组织好语言之后，再以平和的语调进行表达。

社会在进步，孩子也需要心理上的关怀和关爱。我很遗憾，因为我直到听完您的课程，才意识到夸奖和鼓励比巴掌和责骂更有效。从今天开始，我要切实运用您所讲的方法，与孩子进行有效沟通；我要做好孩子的教练，以身示范成为孩子的榜样，也以孩子为镜子反观自身。

在此，我真诚感谢学校为家长组织的学习，感谢学校领导为我们家长暖心地安排了这次课程。如果没有参加这次课程，我至今也无法领悟教育的真谛，我的家里还是鸡犬不宁，我的孩子依然会急躁不安，所有的家庭成员之间还是会如同吃了枪药一样尖锐地沟通。再次感谢樊祖安、安炳先等老师今天精彩的演讲，我真心地谢谢你们。

有多少父母与这位妈妈一样，长期以来习惯了挑剔和苛责孩子，责怪和打骂孩子，而很少鼓励和表扬孩子。试问，作为成人，如果我们在工作上不管多么努力勤奋地做出成果，换来的都是领导的不满，甚至领导还会当着很多人的面否定和打击我们，那么我们会怎么想呢？脾气好的下属也许会忍气吞声；脾气不好的下属说不定会与上司顶撞起来；脾气糟糕的下属很有可能愤而辞职，再也不愿意给这样不知道体恤下属、不懂得管理艺术的领导卖力。那么，父母又何尝不是孩子的领导呢？当父母对孩子不近人情，吝啬表扬和赞美孩子，孩子的感觉不比父母在职场上受到委屈好多少。由此可见，父母即使在单位里不是领导，没有下属，回到家里也要扮演好领导者的角色，学会语言表达的技巧，从而才能把话说到孩子的心里去，说得孩子心花怒放。

看到这里，也许有些父母会说："我家的熊孩子调皮捣蛋，学习糟糕，压根儿没有值得表扬的地方。"这么说的父母一定不曾认真地观察过孩子，更不曾真正了解孩子内心的所思所想，否则他们就会知道每个孩子都是有优点的，也都有值得赞许的地方。例如，有的孩子乐于助人，有的孩子待人热情真诚，有的孩子很擅长唱歌，有的孩子很喜欢绘画……总而言之，这个世界上从不缺少美，缺少的只是发现美的眼睛；孩子的身上也从不缺少闪光点，只是父母没有关注到孩子的闪光点而已。

和给孩子巴掌与责骂，加重孩子的叛逆心，使孩子与父母渐渐疏远相比，夸奖和鼓励却好处多多。首先，夸奖和鼓励能帮助孩子树立

自信心，让孩子知道自己也是有优点和特长的，从而坚持发展核心竞争力；其次，父母经常夸奖和鼓励孩子，渐渐地就会越来越欣赏孩子，拉近亲子关系，增进亲子感情；最后，鼓励能让孩子充满动力，在做很多事情的时候都更加努力。俗话说，世上无难事，只怕有心人。当孩子变成有心人，父母还发愁孩子不能做最好的自己吗？

看到这里，也许有些父母会说，孩子的确有很多优点和长处，但是也会犯各种各样的错误。在这种情况下，我们难道还要继续睁着眼睛说瞎话，表扬孩子吗？当然不是。父母对待孩子要有威严，就要赏罚分明。尤其是在孩子犯错的时候，父母该批评时就要批评。不过，批评也是一门艺术，父母要掌握批评的正确方法，才能让批评起到预期的效果。

第一，可以采取先肯定后批评的方法，起到缓冲作用。先肯定孩子做得好的地方，再对孩子提出期望，这样一来，期望就取代了批评，起到了更好的效果。

第二，可以采取先批评后表扬的方式，给孩子以希望。很多父母在对孩子劈头盖脸一顿数落之后，压根儿不管孩子能否承受。如果能在批评孩子之后，再对孩子提出表扬，让孩子知道自己是可塑的，那么孩子就会有信心改正错误，提升自我。

第三，“三明治”批评法。在使用“三明治”批评法时，父母要先表扬孩子，再批评孩子，最后再对孩子提出期望，表达出对孩子的信任。这样的做法，使得孩子被批评的负面情绪很快就烟消云散，他们还会因为得到了父母的认可和鼓励而充满动力，想要做出更好的表现。

第四，批评要就事论事，切勿贴负面标签。看到孩子在某些方面犯了错误，很多父母就会在无意识的状态下全盘否定孩子，甚至给孩子贴上负面标签。其实，孩子在成长过程中必然会犯错，父母即使作为成年人也会犯错，所以父母切勿对孩子的错误吹毛求疵，而是要宽容孩子，理解孩子。父母要牢记，批评孩子的目的是希望孩子改正错误，而不是打击孩子，所以只要为孩子指正错误即可，切勿给孩子贴上负面标签。

总而言之，“棍棒底下出孝子”已经不符合现代社会的教育观念了。作为父母，我们首先要把孩子当成一个人看待，而不是把孩子当成自己的附属品或者私有物看待，才能发自内心地尊重和平等地对待孩子。现代社会中，很多孩子之所以叛逆，并非他们生性顽劣不堪，而是因为他们得到了父母不公正的对待。更糟糕的是，父母打着爱孩子的名义和旗号变本加厉，而丝毫没有意识到自己对孩子做得不够好。每一个父母都应该反省自己的教育观念，反思自己的教育行为，真正地理解和尊重孩子，给孩子营造充满爱的成长环境，也给孩子一片自由的天地去翱翔。

第四章
角色定位：当好父母，是一项事业

对于父母角色的理解，很多人都走向了两个极端。有人觉得，当父母很容易，从孩子呱呱坠地开始，父母就自然升级成为父母了，接下来只要满足孩子吃喝拉撒等基本需求，孩子自然会一天天长大。也有人觉得，当父母简直太难了，比天底下所有的工作都难，因此他们在抚养和教育孩子的过程中战战兢兢、如履薄冰，不是怕孩子吃不饱穿不暖，就是担心孩子将来没有好前途，为此他们拼尽全力为孩子提供最好的条件。其实，走到这两个极端完全没必要。要想当好父母，父母必须对自己进行角色定位，也要意识到父母是值得所有人毕生从事的事业，才能不再对当好父母不以为然，也才能不再对当好父母提心吊胆。

无证上岗，也要准备充分

在这个世界上，所有学生要想从学校毕业，都要经过考试，合格之后才能获得毕业证；所有工作人员要想胜任一份工作，都要进行岗前培训，要掌握相关的技能之后，才有资格走上岗位。然而，当父母太可怕了，可怕在哪里呢？不是因为当父母要为孩子出钱出力，也不是因为当父母要为孩子操心劳神，而是因为当父母既没有岗前培训，也不需要经过考试且及格后才上岗。甚至在已经为人父母的这支队伍中，只有少部分父母是在有准备的情况下迎接新生命的到来，而大部分父母都是在毫不知情的情况下就孕育了新生命，又在手忙脚乱的情况下迎接新生命的到来。

如今，在互联网上，很多人都以当父母既不需要经过考试也不需要进行岗前培训为由，对父母进行抨击和指责。这样的指责并非空穴来风，完全符合大多数父母随意创造生命的现状。同时，也因为受到传统观念的影响，有些年轻人到了该结婚的年纪，觉得自己如果不结婚不要孩子就是对不起父母，所以，组建家庭，延续生命。其实，每一个新生命都应该在父母的希望和憧憬中降生，这样他们才能得到更好的对待。如果孩子的出生纯粹是个意外，那么他们的成长也会充满惊喜和惊吓。所以，不要再觉得要孩子是多么简单的事情，更不要觉

得抚养孩子是很容易的。父母只有在当父母之前就做好充分的心理准备，才能在陪伴孩子成长的过程中有更好的表现。父母哪怕被允许无证上岗，也要提高对自己的要求，给自己设立更多的目标，从而督促自己在当好父母这条道路上走得更稳更好。

看到这里，也许有些父母会迫不及待地说："既然如此，就赶快告诉我怎样才能成为父母，当好父母吧。"别着急，因为这可是急不来的事情，当好父母，不是结果，而是一个漫长的过程，与其相关的很多事情我们需要娓娓道来。

正如在电影《银河补习班》里邓超所扮演的父亲说的，"爸爸也是第一次当爸爸"。看到这句话，很多刚刚有第一个孩子的爸爸一定感同身受。而现实却告诉我们，每一个孩子都是完全独立的生命个体，都是不可取代的独特存在，所以哪怕一个家庭里有了第二个或者第三个孩子，对于这个孩子而言，爸爸依然是第一次当爸爸。这就意味着作为父母不管有几个孩子，都要以全新的心态投入对孩子的养育之中。所以，既然踏上了为人父母的道路，我们就要始终保持学习的心态，与时俱进地更新教育的观念，与时俱进地跟上孩子成长的脚步，与时俱进地和孩子一起接纳这个日新月异的世界。

作为父母，我们应该对自己更加宽容，不要强求自己必须做到尽善尽美，因为没有人能够做到这一点，即使是那些教育的大家、名家，在教育自家的孩子时也会产生很多困惑和苦恼，也会常常感到抓狂和无奈。我们只是普通的父母，我们需要时间去成长。

面对自己的无助和崩溃，我们何不给自己一些时间让情绪恢复平静呢？面对孩子的叛逆和捣乱，我们何不相信时间是解决问题的良药呢？面对一地鸡毛的家庭生活，我们何不相信一切都在朝着好的方向发展呢？生活在继续，人生之路在我们的脚下延伸，除靠着自己的努力推动很多事情不断地向前发展外，事物也有自然的规律在给我们带节奏。有时，我们只需要顺势而为，不需要强求，就能取得很好的结果。

面对不能让自己感到满意的孩子，很多父母情不自禁地把责任都归咎于孩子，他们认为孩子不够努力，不够优秀，所以才进步缓慢。其实，孩子并非问题的根源，孩子成长的环境才是问题的根源。每一个孩子都像是一株花，他们需要肥沃的泥土才能茁壮成长，如果泥土很贫瘠，花朵就会孱弱，花期也会延迟。这就合理地解释了为何很多孩子在学校里表现得很好，回到家里却仿佛变了一个人。当父母一心一意地想纠正孩子的时候，孩子正在心中呐喊："我需要陪伴，我需要关注。"然而，太多的父母只给孩子提供金钱和物质，只对孩子提出要求和期望，却很少关注孩子真正需要什么，也很少去验证孩子到底能做到哪些。

在正式步入成年之前，家庭内部提供的力量对孩子而言是至关重要的。在这个时期，孩子还不会从外部汲取力量与支持，因为他们生活的范围主要是在学校和家之间，他们与父母的接触也是最为密切的。很多原本致力于家庭教育咨询的工作室，从以"治疗"孩子为中心，转移到以"治疗"家庭为中心，具体而言，就是帮助父母树立正确的教育观点，掌握正确的教育方法，让父母认识到如何才能重塑家庭教育环境。即便如此，依然有很多父母抱怨孩子顽皮淘气，非常难带。

他们带着一大堆问题去工作室里进行咨询，他们行色匆匆、满脸焦虑，压根儿没有耐心倾听，而只想得到最及时、有效的正确答案。如果父母始终把孩子的行为问题看作单一孤立的，他们就无法拥有教育的全局观，也就无法彻底地解决问题；如果父母没有任何耐心停下来进行学习，他们就无法意识到自己在教育中受困的局限，也就无法真正地跳脱出来圆满地处理问题。当父母怀着这样的态度，恰恰意味着他们是最需要学习的。

在所有的家庭里，父母都是孩子模仿的对象，也是孩子效仿的榜样。从新生命呱呱坠地那一刻开始，年轻的夫妇就要开始扮演自己生命中最重要、最伟大的角色，所以，父母要意识到自己肩上的责任是沉甸甸的，也要意识到自己的职责任重而道远。

在一个家庭里，父母的一举一动都在影响着孩子，孩子在潜移默化中感受到父母的影响力。所以，如果父母不努力不上进，不愿意充实自己，坚持成长，又有何资格要求孩子每天都要高高兴兴背着书包去学校，都要认真听讲、按时完成作业呢？父母是孩子的榜样，而孩子是父母的镜子。如果父母无法看清楚自己，那不妨看一看孩子在各个方面的表现，这样就会知道自己应该如何才能做得更好。

每一位父母固然不需要持证上岗，却要做好爱孩子的准备，满怀欣喜地迎接孩子的到来，也竭尽所能地为孩子提供安全、有爱的成长环境，发自内心地尊重和平等地对待孩子。如果父母坚持这么做，那么不需要督促孩子，不需要对孩子声声叮咛，孩子就会主动做得更好，因为他们的内心充满了力量。

舐犊情深，是小狗都会做的事

在世界上，谁是最爱孩子的人？每一个被问到这个问题的父母，当即就会迫不及待地举起手来，如同小学低年级的孩子知道了答案，急切地想要得到老师的点名那样，嘴里喊着“我！我！我！”，心里早就急得恨不得立刻站起来回答问题了。而且，父母的答案和孩子也是一样的——“我！我！我！”。毋庸置疑，每一个父母都是世界上最爱孩子的人，他们在竭尽全力为孩子提供物质条件的同时，也常常责怪自己能力不足，没有给孩子最好的一切；当孩子摔倒了，他们马上喊着心肝宝贝，冲过去把孩子扶起来。总而言之，父母把孩子捧在手里怕摔了，含在嘴里怕化了，简直不知道应该怎么爱孩子才好。

当父母做到这一切，就是对孩子的爱了吗？当然不是。因为舐犊情深，是连小狗都会做的事情。如果父母始终致力于满足孩子的生理需求，而忽略了孩子灵性的成长，那么父母并不比小狗的爸爸妈妈高明多少。

父母之爱子，则为之计深远。父母如果鼠目寸光，认为爱孩子就是保护孩子避开所有的危险，就是把孩子圈养起来不让孩子进行任何探索，就是督促孩子成为学习的机器，那么这样的爱就会阻碍孩子各种能力的发展，会让孩子在父母的控制下感到窒息。

新生命呱呱坠地，除哭泣外，小小的生命什么也不会做，只能依靠父母的照顾生活。这个时候，父母主宰孩子的一切。然而，随着孩子渐渐长大，他各个方面的能力都在发展。例如，孩子在一岁前后差不多学会走路了，每时每刻都想走路。在这种情况下，父母不要担心孩子会累坏了，只要孩子愿意走，就让他们多多练习好了，因为只有多多练习，他们才会走得更好。一旦走累了，孩子就会一屁股坐在地上休息，这个时候父母也不要催促孩子，孩子必须等到休息好了才会主动地继续走。顺应孩子的天性，说起来很简单，很多父母却做不到。除行走的能力之外，孩子还有很多能力都在发展，这种情况下，孩子受到本能的驱使，会主动去做一些事情，此时，父母切勿阻止孩子。例如，孩子想自己吃饭，那么就让孩子吃吧，哪怕把饭菜都洒了也没关系，孩子总会吃得越来越好。再如，孩子想自己上学和放学，那么就要教会孩子如何安全地过马路，也要教会孩子如何防范陌生人。如果父母在孩子上大学之前始终接送孩子，孩子很有可能成人了也不会过马路。所以，父母必须跟随孩子的能力提升，适时适度地对孩子放手，才能使孩子得到历练。

现实生活中，偏偏有太多的父母舍不得孩子吃苦受累，看不得孩子喊冤叫苦，孩子做任何事情，父母都要替代；孩子稍有不满，父母就马上想方设法让孩子满意。长此以往，孩子始终只有本能，而没有能力。这样的孩子长大之后，要么成为“啃老族”，要么成为“巨婴”，就是不能支撑起属于自己的人生，更别说承担起家庭的责任了。也许直到此刻，父母才会意识到自己把孩子养废了，然而为时晚矣。

大自然中，很多动物给我们带来启示。例如，鹿妈妈在生下鹿宝宝之后，鹿宝宝的眼睛还没有完全睁开，鹿妈妈就会踢着鹿宝宝，让鹿宝宝以颤巍巍的四肢尽快地站起来。鹿宝宝很努力地站起来，却一不小心又跌倒在地，这个时候鹿妈妈毫不迟疑，再次使劲儿地踢着鹿宝宝，催促鹿宝宝再次站起来。也许有人会觉得残忍，然而，鹿妈妈不是在害鹿宝宝，而是在爱鹿宝宝呢。因为周围的环境中充满了危险，猛兽和猎人都有可能瞄准鹿宝宝，所以鹿宝宝一出生就要学会奔跑。人类的社会环境难道是安全无虞的吗？人类的父母却只会保护孩子，而没有意识到发展孩子的能力。要知道，让孩子自主地摆脱危险，才是更为重要的。

除鹿妈妈之外，鹰妈妈对待鹰宝宝也同样如此，为了教会小鹰飞翔，鹰妈妈会把鹰宝宝推下高高的悬崖。如果鹰宝宝不能在摔到地上之前振翅高飞，那么它们就会粉身碎骨。绝大多数鹰宝宝在落地之前使劲儿地挥舞着翅膀，终于飞了起来，只有极少数的鹰宝宝会被摔死。

看到鹿妈妈和鹰妈妈养育宝宝的经历，作为人类的父母，我们是否受到了一些启示呢？太多的父母一朝被蛇咬，十年怕井绳。孩子穿着新鞋子摔倒了，从此之后这双新鞋子就被束之高阁；孩子拿着安全剪刀把手指剪破了，从此之后就把剪刀藏在孩子再也找不到的地方；孩子在公园里奔跑一不小心摔了个嘴啃泥，爸爸妈妈就一直跟在孩子身后叮嘱，“别跑，会摔跤”……这些都是逃避的方法，而不是解决问题的方法。为何不问问孩子鞋子哪里不舒服，教会孩子如何使用剪刀，告诉孩子怎样奔跑才不容易摔倒呢？

作为父母一定要支持和鼓励孩子，探索这个世界，也要坚持“听到”孩子的心声。马斯洛把人的需求分为五个层次，其中生理需求是最低层次的需求，即便作为孩子，在满足生理需求之后，也需要获得安全感，实现自己的价值。面对那些未知的危险，父母不是引导孩子避开危险，而是要为孩子解开危险的面纱，让孩子对危险产生确定性。面对孩子想要实现自身价值的渴望，父母不是剥夺孩子的权利，禁止孩子进行各种尝试，而是要配合和大力支持孩子，鼓励孩子勇于挑战和超越自我。

父母可以一直陪伴在孩子的身边，却不要以唠叨和说教的方式限制孩子的探索活动。有些孩子好奇心很强，极富探索精神，哪怕被父母禁止，他们也依然会再次尝试。对于这样的孩子，父母切勿以孩子不听话为由打骂孩子，而是要给予孩子更多的自由空间，要在保证孩子安全的情况下，鼓励孩子继续探索。如果父母能够和孩子一起探索，那就是给孩子的最好礼物。

养育孩子是一场爱的旅程，我们出于爱把孩子拥抱在怀里，我们也出于爱把孩子推离我们的怀抱。然而，我们也会坚定不移地告诉孩子：爸爸妈妈永远支持你，家门永远为你敞开。这样，孩子心里才会有底气，有勇气，有骨气，有志气。很多父母都说，养育孩子是最伟大的事业，其实，对孩子进行爱的教育才是最伟大的事业。我们只有正确地爱孩子，孩子才会健康茁壮地成长起来，才会有健康的身体和健全的心灵，有人生的目标和方向，有安全感和价值感。这样的他们才是真正幸福快乐的孩子。

坚持成长，给孩子树立好榜样

很多父母不仅要求孩子完美，也要求自己完美。他们希望自己足够好，希望自己无可挑剔。然而，这怎么可能做到呢？著名心理学家温尼科特提出了一个概念——足够好的妈妈。他在《维尼科特传》中写道："孩子需要一个不会报复的人，也就是妈妈，这样才能随时让自己的本能排山倒海般地涌出。"听到"足够好"这三个字，很多父母都感到特别焦虑，因为他们不知道怎样才是足够好，也不知道如何做才能称得上足够好。

在大多数父母心中，所谓足够好，就是在各个方面都能达到硬性的指标，很多柔软的方面也能得到孩子的好感。为此，这些父母战战兢兢，拼尽全力做到最好，生怕自己被贴上不够格或者不尽责的标签，尤其是那些新手父母，更是提心吊胆。在有了原生家庭的概念，知道原生家庭会影响自己对后代的教育之后，他们更是担心自己会给孩子带来负面影响。于是，很多父母开始检视自己养育孩子的方式，对孩子而言这就是福音，这至少意味着有更多的父母不再把自己当成神。有反思总是好的，父母只有坚持反思，才能减少对孩子的伤害。不过，父母也没有必要因此陷入束手束脚的状态，觉得自己不管怎么做都会伤害孩子，这只会让父母走上另一个教育极端。其实，孩子也没有父

母所想的那么脆弱，父母要卸下完美父母的重担，与孩子在彼此磨合的过程中不断适应。父母在不苛求自己的同时，也就不会再继续对孩子高标准、严要求，过度苛责孩子。

其实，很多父母对孩子提出严苛的要求，也是因为他们过于看重他人的目光，在他们心中，孩子的表现不仅仅关系到孩子，更关系到父母的颜面。例如，孩子考了第一名，父母和亲朋好友说起来的时候特别有面子；孩子考得不好，父母都不愿意在别人面前提起孩子成绩这码事。这是父母心虚的表现，他们把自己的面子看得比一切都重要。从这个意义上来说，父母既无须在孩子面前成为完美父母，也无须在他人面前扮演完美父母的角色。

近些年，社交圈子开始网络化，这使父母们把成功与否看得更加重要。因为通过网络，父母可以随时随地炫耀自己教育的成功，同样地，他人也可以随时随地地见证父母的成功。为此，父母想方设法激发孩子的潜能，希望孩子表现得就像一个真正的天才那样。唯有如此，父母才能证明自己教育孩子是成功的，这将会极大地满足父母的虚荣心。

对于父母而言，最难的不是证明孩子很完美，证明自己的教育很成功，而是学着练习不完美，接受孩子的不完美。孩子的成长是螺旋式上升的，每当处于成长的不同阶段，父母都会惊讶地发现自己对孩子很陌生。这是因为孩子不管是心智发育还是能力提升，都进入了崭新的阶段。那些过于追求完美的父母总是为此感到焦虑，他们在焦虑情绪的驱使下不停地催促孩子，使得孩子的成长也被扰乱了秩序。毫无疑问，这是极不利于孩子成长的。德国一家机构经过调查研究发现，新手父母在孩子出生之后两年的时间里，承受着比事业和离婚给他们带来的更大的压力。这是因为他们在照顾和养育孩子的过程中感受到了挫败，他们觉得自己没有如同预期那样成为完美的父母。

显而易见，没有人能够自然而然地成为合格的父母，每一个父母都必须持续地学习，也要有意识地提升自己。面对这样的情况，包括父母自己在内的所有人，都应该对父母更宽容，当看到父母为了成为好父母而苦苦挣扎时，我们应该给予他们支持，也给予自己支持。唯有如此，才会有更多的父母承认自己当下还不是好父母，也才会有更多的父母勇敢地面对自己所面临的困境，而无须戴起完美父母的假面具，佯装自己很轻松、很成功。

每个父母都会犯错，每个父母都不完美，这应该成为我们的共识。然而，父母还要认识到一点，那就是孩子也不需要完美的父母，和被完美的父母挑剔和苛责相比，他们更需要不完美的父母，因为只有不完美的父母才能意识到自己需要学习，需要改变，才会有耐心陪伴在孩子身边，倾听孩子，理解和感受孩子，也能适度地满足孩子合理的及不合理的要求，甚至还会和孩子一起“翘班逃课”，只是为了让孩子在当年的初雪中尽情地玩耍。完美的父母刻板教条，不完美的父母却带有感性的可爱，带有浪漫主义的冲动，因而更加贴近孩子的心灵，更能够赢得孩子的喜爱。

就让我们做不完美的父母吧，坚持成长，坚持进步，坚持和孩子一起面对各种不如意和起起伏伏的情绪。当然，做不完美的父母，并

不意味着我们对亲子关系无所作为，或者放任自流，而是说我们要在接纳不完美的前提下，努力成长，完善自我。

首先，坚持学习，坚持成长。要想当好父母，必须成为学习者。我经常在全国光耀父母的课程现场讲，锻炼身体不能让你健康，只有持续锻炼身体才会让你健康；学习不能让你进步，只有持续学习才能让你进步。既要坚持自我成长，也要更新教育理念，学会新的教育方式，与时俱进地成长。当孩子看到父母一直在坚持学习，他们当然也会认识到学习的重要性，并且在父母的榜样示范作用下，不断地提升自己，获得进步。

其次，学会向孩子道歉。既然我们是不完美的父母，那么就意味着我们不可能凡事都是正确的，我们也会犯错误，当犯了错误的时候，切勿为了维持所谓的父母尊严，就死鸭子嘴硬，不愿意向孩子道歉。其实，真诚地向孩子道歉，并不会降低父母的威严，反而会在孩子心目中树立更高大的形象。孩子感受到父母的真诚与坦率，也会与父母更加亲近。

再次，修补与孩子之间的关系。当父母与孩子之间因为一些事情而出现误会时，切勿任由彼此继续误会下去，而是要及时地解释清楚，修补与孩子之间的关系。只要父母能够修补好自己与孩子之间的关系，那么非但不会因此而与孩子疏远，反而会与孩子越来越亲近。

最后，放下完美，享受轻松自在的亲子生活。当父母不再需要完美的孩子，孩子也不需要完美的父母时，父母与孩子之间的关系就会变得越来越轻松。做正常的父母与小孩，一起犯错，一起认识错误，一起修补关系，这就是最好的亲子关系。

在这个世界上，从来没有一模一样的父母，更没有一模一样的孩子。父母不要再执着于做完美父母，也不要再因为孩子的诸多问题而感到“压力山大”。凡事都可以顺势而为，父母要在陪伴孩子成长的过程中发现自己、看见自己、觉知自己，要以不完美的父母接纳孩子的不完美，赢得孩子的信任与深爱。记住，足够好的父母并不像我们想象的那样必须面面俱到，每一个父母只要能够给予孩子安全感和价值感，就是足够好的父母。当然，不完美的父母也可以是足够好的父母哦。

营造积极向上的家庭氛围

在这篇文章里，先给大家分享一个孩子的故事。

来自宁夏石嘴山市平罗县的林景轩曾经是我们的学员，这次来当我们的助教。他为什么要当助教呢？因为曾经是学员的他，从朱老师那里得到了很大的帮助。他第一次来到训练营的时候，老学员们却很热情地对待他。正因如此，他才愿意留在天之骄子领袖训练营中继续学习，继续成长。

林景轩说，训练营里的樊老师、安老师的讲课方式和所讲的内容，与学校里的老师截然不同，他们讲课风趣幽默，课堂气氛特别活跃。

在训练营里度过一段时间后，林景轩收获很多。刚刚来到训练营的时候，林景轩胆子很小，不敢上台。现在，林景轩恨不得霸占着讲台，赶都赶不下来。这一切都是因为训练营里的学习氛围感染了他，让他找回了自信，也让他变得积极热情，活泼开朗。

学员林景轩来到训练营里之后，有了很大的变化。从之前的害羞忸怩，到后来的落落大方，侃侃而谈，这一切都是受训练营里积极向上的学习氛围的影响，也是因为同学们的友善和热情，感染了他。

很多父母都抱怨孩子不够大方，特别胆小，尤其在面对陌生人的时候，更是恨不得找个地缝藏起来，也不愿意和陌生人说话。现代社会，孩子们必须获得全面发展，拥有开阔的眼界，才能在与人相处时有更好的表现，才能真正地融入集体之中。所以，林景轩的改变是令人惊喜的，他自己也为此而更加充满自信。

看到这里，也许有些父母会说，我们不具备去训练营的条件。没关系，即使孩子不来训练营，也可以在家里营造良好的氛围，为孩子创造条件发展各个方面的能力，激发孩子的自信和潜能，让孩子呈现出新面貌。

那么，如何为孩子营造积极向上的家庭氛围呢？

孩子的健康成长，离不开祥和、安宁的家庭环境。祥和、安宁的家庭氛围给他以心理上的安全感与幸福感。因此，要让孩子全面发展，和谐家庭至关重要，只有建立温馨的家庭，才能让他们有信心、有兴趣学习。在家中，不但要给孩子和谐愉快的学习空间，还要尽可能地培养孩子的基本生活技能，要让他们有自理能力，有克服困难的意志，有爱心。父母要抽出时间来陪伴孩子学习和游戏，文化知识固然重要，但游戏对孩子来说同样必不可少。父母要让孩子在学习和游玩中得到成功的喜悦，使孩子在学习和游戏中充分找到乐趣；让孩子觉得生活在家庭中幸福，给孩子一个宽松和谐的成长空间。

首先，父母要乐观开朗，积极向上。有些父母本身的性格很沉闷，在家庭生活中很少会开心地笑，与孩子说话时总是表情严肃，这未免会让孩子感到压抑。作为父母可以有自己的性格，但要尽量减少闷葫芦性格给孩子带来的负面影响。此外，即使面对生活中的很多不如意，父母还要保持积极向上的姿态。如果父母怨天尤人，在遇到难题时就想放弃，不愿意继续努力，那么孩子也会学习父母的样子，不能做到坚持不懈，勇往直前。

其次，父母要营造民主和谐的家庭氛围。很多父母都在家里搞“一言堂”，他们误以为自己既然生养了孩子，就有权力代替孩子做出所有的决定，就有权力规划孩子的人生，安排孩子的人生。这样的想法大错特错，孩子虽然因着父母来到这个世界上，但他们既不是父母的附属品，也不是父母的私有物。孩子是独立的生命个体，他们是独立于父母而存在的，他们有权利创造属于自己的人生。

孩子小的时候，没有自理的能力，必须依靠父母而生存。长大后，孩子各个方面的能力越来越强，开始有自己的思想和主见。每当与孩子产生分歧的时候，父母不要不由分说地指责孩子，否定或者批评孩子，而是要耐心地倾听孩子的表达，积极地采纳孩子的合理建议，这

样孩子才会以小主人自居。尤其是家庭里发生一些重要的事情时，父母还应该告知孩子，并且询问孩子的意见或者建议，这都能培养孩子的小主人翁感。

再次，经常举办家庭活动，增强家庭凝聚力。很多家庭犹如一盘散沙，父亲负责挣钱养家，母亲负责操持家务，孩子负责用功学习。看起来，一家三口各司其职，其实家庭成员之间的关系很松散，感情基础薄弱。作为父母，要有意识地举办需要所有家庭成员参与的活动，这样才能增强家庭凝聚力，在得知家里有重大事情发生时，大家能够都毫无保留地贡献出自己的一份力量。

最后，一个家庭不可能始终一帆风顺，每个家庭成员都有自己的不如意，每个家庭也会面临难关，但越是在危急时刻，我们越是应该全力投入家庭生活中，和其他家庭成员齐心协力地渡过难关。在这种时刻，每个人都会形成家庭责任感，这对整个家庭的发展都是大有裨益的。

总之，家庭是孩子赖以生存的重要环境，长大成人之前，孩子都依附于家庭生活。所以，父母一定要培养孩子的家庭责任感，让孩子知道自己肩负着家庭的重任，也有义务为家庭建设贡献自己的力量。

与时俱进，给孩子提供爱的养分

在心理学领域，有一个专业名词，叫作“情感支援网”。那么，什么是情感支援网呢？所谓情感支援网，是指一个人在情感上，能够从家庭内部和外部获得多少支持。具体地说，那些拥有强大情感支援网的人，当受到伤害或者产生烦恼时，总能找到人倾听他们，陪伴他们，支持他们；反之，那些没有情感支援网的人，即使身陷困境，内心愁苦，也找不到人理解他们，关爱他们。相比起来，前者总能感受到温暖与支持，后者常常会觉得很孤独，觉得自己孤立无援，这就使得他们在面临困境甚至是绝境时，得不到安慰，也得不到助力，因而做出过激的举动。

很多孩子之所以有过激行为，未必是因为他们承受了巨大的痛苦，很有可能是因为他们没有更大的空间容纳痛苦。一粒芝麻放在一张小小的纸片上，芝麻会很明显；一粒芝麻放在大大的圆盘上，需要用心寻找才能看见；一粒芝麻放在一个大大的簸箕里，哪怕瞪大了眼睛寻找，也未必会找到。当孩子的心没有了空间时，小小的痛苦就能将其塞满；当孩子的心变大时，痛苦也就不再那么难以承受了。面对时而发生的悲剧，很多父母都想方设法地避免激怒孩子，避免伤害孩子。其实，哪怕孩子在家庭生活中是顺遂如意的，有朝一日他们也会因为

走上社会而不得不面对不如意，承受痛苦。既然如此，我们为何不试着去锤炼孩子的内心，滋养孩子的内心，坚持给孩子提供爱的养分，让孩子的心灵空间更加博大呢？

在这里，需要提起的一个问题是，很多父母都严重滞后于孩子的成长。例如，孩子刚刚出生，他们照顾孩子的方方面面；孩子已经年满 12 岁了，他们还是如同照顾新生儿那样照顾孩子的吃喝拉撒。孩子小时候，父母对孩子各种限制和禁止，生怕孩子发生危险；孩子已经 14 岁了，父母对孩子还是各种限制和禁止，仿佛孩子没有任何能力保护自己。这样的父母始终活在自己的心中，把孩子看作他们想象中的年纪，严重低估孩子的能力水平，使得孩子的成长受限。

父母要跟上孩子成长的脚步，才能知道孩子的能力已经发展到什么程度了，也才能给予孩子更为适宜的对待，这就是与时俱进。否则，父母只会拖孩子的后腿，而无法领跑孩子的成长。

只有在与时俱进陪伴孩子成长的前提下，父母才能更理解孩子，才能给孩子提供爱的养分，使孩子拥有爱的土壤，在此基础上，孩子就会建立情感支援网。一是他们与父母的关系不会剑拔弩张，哪怕有分歧，哪怕不被父母理解，他们也坚信父母是爱他们的，因而感到安全。二是在父母的支持下，孩子会拓展社交圈子，拥有很多朋友，每当心情不好的时候，他们可以向朋友倾诉，也可以请朋友帮忙出主意。作为同龄人的朋友很有可能会给孩子出很多馊主意，但是没关系，哪怕孩子和朋友最终没有解决问题，他们也可以发泄负面情绪，最终以哈哈大笑结束这一场闹剧。三是在孩子的情感支援网中，父母占据重要的位置，这就说明父母与孩子也是朋友。与孩子的同龄人相比，父母有更多的见识，有更丰富的阅历，所以能够更有效地给予孩子帮助，为孩子提出切实可行的建议。

在孩子不同的成长阶段里，他们对于爱的需求也是不同的，那么，父母要如何帮助孩子建立情感支援网呢？

第一个阶段，爱的植入期。这个阶段里，孩子正处于幼儿期，在0岁到7岁。需要注意的是，这里所说的0岁，指的是胎儿时期，这就意味着孩子从胎儿时期就开始接受妈妈的影响了。在整个孕期，如果孕妈妈心情愉悦，情绪稳定，那么胎儿就会发育得很好；如果孕妈妈心情暴躁，冲动易怒，那么胎儿就会发育迟缓，情绪反复无常。在这个阶段里，孕妈妈可以听一听胎教音乐，这样既有助于舒缓自己的情绪，也能让胎儿保持良好的情绪。

等到婴儿出生之后，父母除要照顾婴幼儿的吃喝拉撒之外，还要多多与婴幼儿互动，给予他们安全感。有安全感的孩子，在各个方面的表现都会更加稳定。

第二个阶段，爱的萌芽期。这个阶段里，孩子处于7岁到14岁，也就是童年期。进入童年期，孩子的生活范围越来越大，他们对外部的世界更加充满好奇，所以他们常常会表现出叛逆的行为，也会与父母的意愿背道而驰。在这个阶段，父母要尊重孩子的个性发展，也要配合孩子完善自我。最重要的是，还要给予孩子一定的自由空间，让孩子发展自己的能力，让孩子完善自己的性格。因势利导是本阶段亲子相处的基本原则，父母切勿强行干涉孩子或者试图控制孩子。

孩子如果能够在爱的萌芽期里明白什么是责任，学会为父母分担，并拥有感恩之心，那么他们的心智就会渐渐发育成熟。细心的父母还会发现，孩子从小时候特别愿意黏着父母，到进入这个阶段就试图与父母分离，渐渐地走向独立，这恰恰标志着他们的成长。父母要给予孩子助力，要促进孩子成长，要扮演好孩子生命历程中的多重角色，如父母、老师、朋友、知心人等。此外，还要借助老师的力量，为孩子树立规矩，明确行为边界，让孩子享受有度的自由。

当然，在本阶段，孩子也很容易受到同龄人的影响。这是因为孩子在刻意疏离父母的过程中，会更愿意与同龄人亲近，他们渴望获得同龄人的认可，这时父母要关注孩子的交往情况。俗话说，近朱者赤，近墨者黑。如果孩子与志同道合的同龄人结成团队，他们就会互相促进，彼此成就。

第三个阶段，爱的实践期。在这个阶段，孩子处于 14 岁到 21 岁。这时，孩子从第一个阶段对世界留有印象，到第二个阶段模仿他人，直至进入了这个阶段——少年期，在这一阶段，他们变得越来越叛逆。少年期，孩子各方面的能力都得到了大幅度提升，他们更加急迫地想要证明自己的能力，也想昭告全世界他们是独立的人，可以为自己负责。由此一来，他们就必然要摆脱父母的照顾，摆脱家庭对他们的掌控。为了让孩子不再那么激烈地与父母和家庭抗争，很多父母采取了高压政策，强求孩子要一如既往地服从父母，这当然会事与愿违。父母要意识到，正确的做法是给予孩子更多的自由，让孩子自主地选择和决定一些事情，而父母呢，最好作为旁观者给孩子提出建议，让孩子参考，而不强求孩子必须采纳父母的建议。当来自父母和家庭的强制力量渐渐消散时，孩子的叛逆行为也会得以好转。

在这个阶段里，孩子最明显的表现就是走向性成熟。在身体分泌大量荷尔蒙的情况下，孩子的情绪越来越激动，越来越反复无常。有些男孩还会因为力量得以增强，而做出一些对抗性行为或者出现暴力倾向。为了帮助男孩发泄多余的精力，宣泄心中堆积的负面情绪，父母可以让孩子从事对抗性练习，帮助男孩舒缓情绪。在此阶段，父亲与母亲要调整好与孩子之间的关系。例如，母亲不要过度亲近男孩，以免男孩过于依赖母亲，成为“妈宝男”。

另外，在这一阶段，孩子还会萌生出对爱情的憧憬，对于异性也比较关注。在很多家庭里，父母一旦提起早恋的问题就如临大敌，将早恋视为洪水猛兽，这是很不理智的。大禹治水之所以能够获得成功，就是因为他知道洪水宜疏不宜堵的道理。从孩子身心发展的角度来说，在第一个阶段，他们更关注父母，非常崇拜父母；在第二个阶段，他们产生了明显的向师性，也渴望融入同龄人的团队中；进入了第三个阶段，他们自然而然地对异性产生好感，为了避免孩子与某一个异性交往过密，父母要做的不是禁止孩子与异性交往，而是要鼓励孩子与更多的异性交往，这才有助于满足孩子的身心发展需求。

第四个阶段，爱的成熟期。在这个阶段里，孩子步入成年，正式进入成年期。他们在萌动初恋时学会的付出，至此演化成为心甘情愿的贡献。在成年期之后，他们不再火急火燎，斤斤计较，而是更加从容平和，变成了真正意义上的父母，圆满了自己的生命角色。

在人生的道路上，人人都需要坚持学习，坚持成长，才能在各种不同的角色中轮转，既索取爱，也付出爱；既为人子女，也为人父母。在生命的历程中，我们终将尝遍酸甜苦辣，让人生更加充实精彩。

鼓励孩子，认可孩子

在这篇文章里，我们来分享一封爸爸的来信。

各位家长朋友们好，我是一名退伍军人李小军。2020 年 11 月 1 日，我在朋友的介绍下，走进了光耀父母课堂，从此与巨慧教育结缘。我有两个儿子，大儿子叫李承芮，正在读初二；小儿子叫李晨恩，正在读一年级。我很荣幸，有机会在 FM 平台和大家分享孩子的成长故事。

接下来，我主要和大家分享大儿子芮芮的故事。芮芮身高 170 厘米，头发黑油油的，鼻梁又高又挺，长着可爱的单眼皮，眼睛炯炯有神。他还戴着一副黑边眼镜，看起来特别帅气。他的性格比较内敛，不太爱说话，却很有主见。

也许是因为进入了青春期，芮芮的情绪反复无常，每次与我沟通都充满了火药味。我有的时候被气得火冒三丈，无法控制自己，就非常冲动地想要骂人，甚至动手打人。

我常常训斥芮芮："就凭你这个样子，怎么可能考上高中呢？如果你考不上高中，就考不上大学，如果你上不了大学，那么以后走上社会，你能做什么？我告诉你，芮芮，贫穷和懒惰是一对双胞胎，你简直比猪还要懒。”

在我歇斯底里的表达中，我与芮芮的沟通没有任何效果，最终的结果是，一切变得更加糟糕了。芮芮越来越疏远我，我能明显地感觉到他开始讨厌我了。当然，这一切仅限于有关学习的谈话，如果不谈学习，我与芮芮关系很好。

坦白说，这不是我想要的结果，我已经意识到这个沟通方法是不合适的，如果继续这样下去，芮芮就会变得越来越糟。因为与芮芮之间沟通不畅通和芮芮学习成绩持续下降，我感到压力很大，这个压力甚至比事业带给我的压力更大。就这样过了一段时间，我的心情非常郁闷，直到现在，我接触了巨慧，学习了光耀父母的课程，才拨云见日，找到了方法，也找到了我自身的原因。

我深刻地认识到，孩子是没有问题的，问题在于我的思想需要升级。因为落后的教育观念，我无法引领儿子，不能给儿子明确的方向，也不能教给儿子有效的方法，反而还给孩子贴上了各种负面标签，如懒惰、不听话、没主见等。“无知的爱就是伤害”，这句话或许说的就是像我这样的父母吧。芮芮与我沟通的时候，流下了委屈的泪水，我还很讽刺地对他说：“哭什么哭啊，一点男子汉的气概都没有。你能不能坚强一点？你还是男人吗？”现在，我意识到自己对孩子这么说是很无知的，也是很残忍的，我感到特别懊悔。

这一个月的时间里，我一直坚持学习光耀父母课程。我开始全力改变，努力撕掉过去我给孩子贴上的标签，尝试着运用樊老师的方法，重新给孩子贴上优秀的标签，以发现的眼睛挖掘孩子身上的优点，并且充分运用光耀父母课程教给我的很多亲子相处方法。

我终于鼓起勇气，和芮芮约了时间，认真地给芮芮道歉，真诚地对芮芮说对不起，并且尽我所能地肯定和鼓励芮芮。芮芮最喜欢玩魔方，经常一玩就是两三个小时，四阶的魔方，他三五分钟就能拼好，对于我来讲，我永远也无法做到像他那样。芮芮说，他在玩魔方的时候套用了数学公式。我对芮芮佩服得五体投地，因为他竟然能静下心来玩两三个小时魔方。

也许是因为对魔方的喜爱，反过来又激励芮芮努力学习数学，芮芮的数学成绩通常都在 110 分左右。我对芮芮说："芮芮，你太厉害了！当年，老爸在上初中的时候数学成绩从来没有超过 70 分。"

芮芮骄傲地告诉我："其实，学习数学很简单。"说着，他给我讲了一大堆他自己领悟出来的道理和总结的学习方法。

眼看着就要期中考试了，我牢记樊老师的话，坚持高质量地陪伴芮芮。有一个周末，我陪着芮芮一起背英语单词和化学元素表，复习完所有课程以后，我问芮芮："你大概预估一下，看看你本次期中考试的成绩大概能考到多少分？"芮芮很认真地对每一门课程都进行了客观的分析，他说："爸爸，我大概能考 800 分。"九门课程考 800 分，我感到很惊讶。但是，我鼓励他："芮芮，爸爸相信你一定能够做到。"

结果，芮芮考了 790 分。他真的做到了，我欢呼雀跃。我毫不掩饰地对芮芮说："儿子，你太棒了！你是最棒的，你是爸爸的骄傲！"因为芮芮有了这么大的进步，我兴奋了好几天，周末，我们全家人还特意召开了家庭会议。在家庭会上，我大张旗鼓地表扬芮芮，看得出来，芮芮很高兴。从此之后，我与芮芮的沟通质量更高了。

我相信，芮芮将来一定会变得越来越优秀。在这里，我真诚地感谢巨慧的每一位老师，认识樊老师、安老师、朱老师是我的幸运，我也很感谢带着我走进巨慧的挚友泓宇总。是巨慧让我爱上了家庭教育，让我懂得了幸福家庭的经营之道。我相信，我只要坚持学习，不懈努力，未来也可以帮助更多的家庭走向幸福之路。

通过这封信，我们可以看到一位父亲的转变。原本，父亲对孩子极其没有耐心，也看不到孩子身上的闪光点，因而，每当孩子的表现不能让他感到满意时，他就会百般羞辱和否定孩子，打击孩子稚嫩的心灵，使孩子毫无自信可言。但是，在走进我们的课堂之后，他终于认识到自己的不足，也发现了自己的缺点，从而积极地改变，也在老师的指导下采取更有效的方式与孩子沟通，坚持鼓励和认可孩子。神奇的改变由此开始，父亲与孩子之间的关系越来越亲近，孩子在学习上的表现越来越好。甚至，全家人的生活都发生了改变，这就是赞赏的魔力。

现实生活中，很多父母动辄否定孩子，还会挖苦讽刺孩子，这都是极不负责任的表现。明智的父母知道，孩子即使现在表现得不够好，也不意味着孩子将来不能好好表现。所以，父母要有足够的耐心，静静等待孩子的花期到来，父母也要以欣赏和赞赏的目光看向孩子，发掘孩子的闪光点，给予孩子更强大的力量。

父母要坚持学习，坚持成长

在这一篇里，我们先来分享一位妈妈的感言。

我叫马能萍，是一位老师。我的孩子今年 1 岁 10 个月了。我已经结识巨慧教育、认识樊老师很多年了。但是，我以前没有结婚生子，不懂得为人父母的幸福和艰辛，更体会不到家庭教育的重要性，自从步入婚姻，诞下孩子之后，我才渐渐体会到夫妻相处和教育孩子的种种艰辛。此外，家庭生活中还有婆媳相处的问题，以及其他的各种问题。总而言之，问题总是层出不穷，令人应接不暇。

在诸多问题中，夫妻之间的沟通和教育观念的分歧所引起的冲突是最显著的。我性格外向，爱说话，爱唠叨，内心特别敏感；我的丈夫性格内向，感情迟钝，我常常因为一些小事和他争吵不休，最终两人情绪爆发，不欢而散。我们都把气憋闷在心里，使得生活和工作都受到影响。

即便如此，我也没有想到自己应该学习家庭教育，学习婚姻经营，直至有了孩子以后，我更是把注意力全部转移到了孩子身上。孩子出生三个月之后，我上班了，把孩子交给奶奶带。渐渐地，我发现孩子特别爱哭，胆子很小，我忍不住焦虑起来，对孩子的成长充满担心，却又不知道如何面对和解决这些问题。

后来，一位老朋友推荐我参加了樊祖安老师的光耀父母课程。听了樊老师的课后，我的教育焦虑终于得以缓解，而且我慢慢地摸索到了教育孩子的方法。意外的惊喜是，在樊老师的课堂里，我还学到了一些经营婚姻的方法。

我终于明白，为人父母是需要学习的，而且要坚持终生学习。因为孩子是不断成长的，爱孩子的父母不仅要给孩子良好的物质条件，更要给孩子丰满的精神世界。最近，我学习了FM90父母大学成长计划，这是我第一次系统地学习家庭教育，受益匪浅。我学会了如何培养孩子的感统，如何高质量地陪伴孩子，如何供给孩子心理营养，如何做情绪平稳的妈妈，如何帮助孩子表达情绪。伴随我的学习和成长，我可爱的女儿越来越活泼，她的开心成长让我觉得我应该学习，而且必须坚持学习。渐渐地，我的心结打开了，我改变了与丈夫的相处方式，不再以消极的方式抱怨他、唠叨他，而是尝试着用心地与他交流，更多地关注他的感受了。现在，我们的三口之家非常和谐，幸福美满。

安老师讲的心理营养等亲子课程非常精彩，高效实用。因为我和我的家庭都因此而受益了，所以我想把这样的好课程分享给更多的家庭。

现实生活中，很多家庭里的父母都没有学习的意识。他们认为，当父母是自然而然的事情，不需要学习，因而他们始终在迷惘的状态下凭着本能去经营家庭生活，去开展亲子教育。在上文的分享中，我

们可以看到，不坚持学习和成长的父母，非但不能成为合格的父母，而且彼此之间相处的时候也会爆发出很多问题。正如这位妈妈所说的，家庭生活绝非那么简单和纯粹，而是充斥着各种各样的问题和矛盾。既然如此，我们为何要在黑暗中摸索，不给自己带来更多的光明呢？

俗话说，“活到老，学到老”，这句话用在所有人身上都是合适的。因为如果不能坚持学习，不能与时俱进地成长，我们很快就会被这个千变万化、日新月异的时代远远地甩下。我们这些从事教育事业的父母，要把学习作为生活的常态，以学习带动自身的成长，以学习推动家庭的进步，以学习成就孩子的未来。

第五章
定义幸福：
追求幸福，是终极的目标

对于幸福，每个人都有自己的理解，也有自己的追求。有人认为，拥有高官厚禄就是幸福；有人认为，赚取大量的金钱，成为富豪，就是幸福；有人认为，在学业上有所成就，有所建树，就是幸福；有人认为，多多帮助他人，给世界带来温暖，就是幸福……每个人都有属于自己的幸福，即使作为父母也不能把自己理解的幸福强加于孩子身上，而是要支持孩子追求自己的幸福，创造自己的幸福。

成长比成绩重要

每天晚上，妈妈都会和7岁的甜甜一起洗澡。对于甜甜而言，在一天的时间里，这是妈妈唯一陪伴她的短暂时光，所以她喋喋不休，有时说一说学校里发生的事情，有时说一说她稀奇古怪的想法。

这天晚上，在氤氲的水汽中，妈妈问甜甜："甜甜，明天就要期中考试了吧？是只考语文和数学，还是也考英语呢？"甜甜对妈妈说："只考语文，不考数学。"妈妈感到很惊讶："怎么可能不考数学呢？"甜甜一本正经地对妈妈说："妈妈，我觉得数学何老师，说的是对的。他说得特别有道理。"听到甜甜加重的语气，妈妈尽管认为甜甜说的不考数学不可信，却好奇地问甜甜："哦，何老师说得怎么有道理了？"甜甜停下玩水的动作，郑重其事地对妈妈说："何老师说，考试不重要，他不要求我们百分百全对。重要的是，我们要把学到的东西运用在生活里。所以，何老师说数学不进行期中考试。"听到甜甜如此准确地复述了老师的教育观点，妈妈不由得暗暗赞叹："看来，这个粗心的小家伙在经过这几天的'修理'之后，的确做到了盯着老师的嘴巴，听老师说话。"

甜甜又专心致志地开始玩水了，妈妈的心情却久久不能平静。这几天，她因为甜甜的数学测验成绩不好，粗心大意总是丢分，不止一

次地严厉批评甜甜，惹得甜甜哭了好几次。如果作为老师，肩负着教学任务，却能告诉孩子要学以致用的道理，也对孩子说考一百分不是最重要的，最重要的是要把学到的东西运用在生活里，那么作为父母，更应该以孩子的成长为重，而不要总是盯着孩子的成绩。

如今，很多父母都特别紧张孩子的学习成绩，他们想让孩子考取更高的分数，希望孩子在成长的过程中，表现出学习上的实力，从而顺利地升学。然而，如果孩子变成了不折不扣的书呆子，虽然能考取高分，却不能学以致用；虽然以父母设立的目标为导向，却没有自己的想法和主见，那么孩子就会变成学习的机器。他们只是迫于父母的压力才努力学习，而丝毫没有主动学习的意识，这样的孩子很难感受到学习的乐趣，也很难长久地在学习方面表现出强劲的动力。

父母爱孩子，就要为孩子考虑得更长远。为了盯着孩子学习，很多父母每到晚上就放下手里一切的事情，坐在孩子的身边专心地陪伴孩子完成作业。试问，父母能陪孩子到什么时候呢？顶多到高中。这样被父母陪大的孩子，一旦进入大学，失去父母的监督，就会彻底放飞自我。曾经有个男孩从一年级就被父母陪，考入大学之后，每天只顾着玩游戏，拖了两年时间还没有拿到毕业证。看到曾经乖巧懂事的孩子变得如此叛逆，父母痛苦不已，却不知道，正是他们错误的陪伴才把孩子变成了现在这个样子。

要想一劳永逸，父母就要致力于培养孩子良好的学习习惯，激发孩子的内部驱动力。好的学习习惯一经养成，孩子就会主动自发地做好与学习相关的事情，内部驱动力得以激发之后，孩子就会对学习产生兴趣，也继而产生源源不断的学习动力。当孩子既有学习动力，又养成了良好的学习习惯时，他们就会自发学习，坚持学习，而且把学习作为自己的事情认真对待，端正学习的态度。对于孩子而言，这不是一时的成绩提升，而是真正的成长。

父母要认识到，成长比成绩更重要。对于小学阶段的孩子而言，他们考试成绩出现波动很正常，因为如果做题不多，见过的题型有限，他们就会出错，成绩就会下降；如果孩子做课外作业比较多，见识过很多题型，那么他们的成绩就会得到提升。从某种意义上来说，这并非孩子真实学习能力的表现，而是孩子进行题海战术的结果。

父母在试图提升孩子学习成绩的时候，一味地搞题海战术是不行的，还应做到：第一，要引导孩子端正学习的态度，让孩子知道学习的重要意义。第二，要引导孩子以正确的思路思考问题，也要激发孩子的发散性思维，让孩子养成勤于思考的好习惯。第三，要给予孩子更多的信心，让孩子明白世上无难事，只怕有心人的道理。第四，鼓励孩子学以致用，坚持成长。唯有做到上述四点，孩子才会有真正的提升和进步，父母在教育孩子的过程中才会越来越轻松。

幸福比优秀重要

如今，多数年轻父母都在为孩子的未来感到焦虑。他们深知社会生活的压力有多大，为此，他们紧张焦虑，在孩子还没有出生时，就无数次设想过孩子的未来。他们还迫不及待地为孩子规划人生，让孩子进入更好的幼儿园，不惜花费重金为孩子购买学区房，又在孩子如愿上了理想的小学之后逼着孩子努力上进，连周末都不休息，力求让孩子六年磨一剑，考入心仪的初中，顺利地升入重点高中。看起来，孩子只要按照父母的想法去做，就能一路绿灯，畅行无阻，而实际上，计划赶不上变化。那些把一切都设想得非常美好的父母，唯独没有想到孩子很有可能不是学习的料；或者因为贪玩而误入歧途，不愿意拼尽全力学习；还有可能在进入青春期之后开始早恋，心神涣散，导致学习成绩一落千丈。总而言之，孩子是一个独立的人，他们不可能始终对父母言听计从。他们总有一天会长大，会有自己的想法和主见，会想要创造属于自己的人生。在这种情况下，父母的这盘棋也许只下了半局，就面临孩子撂挑子不干的困境。由此，父母与孩子之间爆发了大战，亲子关系从和谐到紧张，家庭氛围从其乐融融到剑拔弩张。

尤其是在孩子进入青春期之后，父母会发现自己和孩子简直成了冤家对头，父母说往东，孩子偏偏要往西；父母说向北，孩子偏偏坚持奔南而去。有的时候，孩子原本的想法和父母的计划不谋而合，但是只要听到父母对自己发号施令，孩子当即就会改变想法，宁愿舍弃自己最初的想法，也要和父母对抗。这是为什么呢？这是因为孩子要向父母宣告自己的独立。面对此情此景，如果父母继续试图控制孩子，孩子的叛逆就会变本加厉，而明智的父母会给予孩子独立和自由的空间，从而缓解孩子的叛逆心理，让孩子愿意听一听父母中肯的意见。

父母与孩子之间的战争由来已久，不管以怎样的方式表现出来，其根源在于父母希望孩子更优秀，而忽略了他们的本心是希望孩子获得幸福。而孩子呢，他们心思单纯，简单明了，不管做什么事情，唯一的目的就是开心快乐。从某种意义上来说，如果父母不执着于把孩子培养成最优秀的人才，他们的初心将和孩子的目的是不谋而合的。那么，为了消除亲子之间的矛盾，把亲子之间对立的关系变得统一起来，父母要不忘初心。

父母也许会说，如果孩子不够优秀，怎么可能得到幸福呢？这就是父母的误区。父母总是以为孩子必须足够优秀，才能按照他们的设想过上成功人士的生活，才能得到幸福。其实，孩子的幸福很简单，在很小的时候，哪怕只是一个塑料纸片，孩子也能拿着玩很长时间，而且玩得津津有味，不亦乐乎。但是，父母不理解孩子的快乐，想不明白孩子放着高档玩具不玩，为何偏偏要去玩沙子和泥土。随着孩子一天天长大，父母从未放弃把自己的观点灌输给孩子。在父母的坚持下，孩子越来越叛逆，他们只想否定父母的想法，从而证明自己的想法是正确的。那么，到底谁对谁错呢？当然，孩子是正确的。

人之所以过得不快乐不幸福，主要是因为三个习惯，如果你有这些习惯，请抛弃。

1. 习惯放大别人的幸福。

2. 习惯放大自己的痛苦。

3. 习惯拿自己的痛苦与别人的幸福比、拿自己的短处与别人的长处比。

从心理学的角度来说，幸福是一种源自内心的感受。孩子是否幸福，取决于他们的内心能否感受到幸福，而非取决于他人的评价，更不是取决于他人的感受。所以，孩子哪怕做着最辛苦的工作，也有可能获得幸福；孩子哪怕身居高位、家财万贯，也有可能感到很不幸。既然如此，父母为何不放下执念，让已经长大的孩子亲手去创造属于他们的幸福，亲手去完成他们想完成的事情呢？当父母更尊重孩子，意识到幸福比优秀更重要时，孩子的幸福指数就会大大提升。

不要让孩子成为“空心人”

近几年来，越来越多的心理学家开始关注孩子的心理状态，研究孩子的心理问题，帮助孩子解决情绪上的困扰，引领孩子走出生活的困境。每当听到有青少年轻生的事件发生，很多父母就会感到特别疑惑。他们想不明白，孩子生活在如今的好时代里，衣食无忧，要什么就有什么，只需要搞好学习，就不需要为其他事情操心了，为何要轻生呢！为此，有些人指责孩子有一颗玻璃心，也有些人认为孩子就是被骄纵坏了，所以任性妄为。他们哪里知道，孩子也有孩子的烦恼，有些孩子的心理疾病特别严重，却从未得到父母的重视，因此才渐渐发展到不可挽回的程度。

如今患有“空心病”的孩子很多，这使得孩子成了“空心人”。什么叫“空心人”？所谓空心人，最早是由英国诗人托马斯·艾略特在其著作《空心人》中提出的，他以此描述了现代人空虚、无聊、焦虑的精神生活。在现代社会中，“空心人”的概念得以延伸，也有人以很多孩子缺乏生命力和驱动力的现象为出发点，用“空心人”形容那些虽然考取了高分，却缺乏生活兴致和生命动力的孩子。

那么，被称为“空心人”的孩子有哪些表现呢？首先，他们不是让父母头疼的、学习表现不好的孩子，相反，他们在学习上的表现出类拔萃，每次考试都能取得不错的成绩。其次，他们对除学习以外的其他事情提不起兴致来，而且在经历了最终的大考——高考，进入了自己理想的名牌大学之后，他们在学习上就失去了动力。再次，他们浑浑噩噩地度过生命中的每一天，没有目标，没有方向。最后，他们很有可能对生命厌倦，对未来感到恐惧，甚至选择以轻生的方式结束生命。

很多人也许会感到疑惑：那些学习好的孩子在家里得到父母的认可和肯定，在学校里得到老师的表扬和同学的羡慕，生活得顺风顺水，为何要轻生呢，难道他们不知道有多少人羡慕他们吗？的确，和那些因为学习饱受折磨和刁难的孩子相比，这些孩子在学习方面是特别优

秀的，足以成为自己和父母的骄傲。然而，他们的人生是被父母提前规划好的，他们的成绩是父母拼尽财力用无数个课外补习班堆砌出来的。在成长的过程中，他们始终为了达到父母的期望而不懈努力，不知不觉间忽略了自己真实的感受。等到他们终于实现了为之奋斗的目标后，他们的生活就会出现失重的状态。他们长期以来背负着的升学压力消失了，而他们已经习惯了拼成绩的生活，根本不知道自己应该做些什么，这就使得他们内心越来越空虚，感觉到现世毫无意义。

曾经，有一位心理学家在网络上发表文章，大概意思是说他正在休假，却突然接到一位学生的电话，这位学生是他的患者。这位学生告诉心理学家，他已经做好了赴死的准备，再也不想面对这个世界。心理学家紧急联系这位学生的老师，也当即通知了他的父母。老师和父母都火速赶往宿舍，最终把他从死亡线上拉了下来。然而，对一个一心想死的人而言，又有谁能够真正拯救他呢？作为父母，再也不要把学习好作为孩子唯一的人生目标了，甚至要弱化学习在孩子心目中的作用，要让孩子看到，在漫长而又美好的人生中，他们还有更多有趣的事情可以做，还有更多美丽的风景可以看，还有更多相爱的人要守候。

既然人生是一场旅程，就应该充实而又精彩，就应该发生很多令人印象深刻、感触颇深的事情，怎么能只有学习这一件事情呢？父母固然要为孩子的前途和命运着想，却也不要为此而葬送了本该属于孩子的幸福。只有让孩子从小就感受到人间值得，孩子才会在遇到各种不如意或者坎坷挫折的时候，始终留恋这个美好的世界，并且放不下自己挚爱的亲人。否则，孩子只能感受到痛苦和煎熬，又有什么理由坚持活好呢？

人间值得，这是每个人都应该发出的感慨，这样才不枉在人世间走一遭，也才能坦然面对苦乐参半的人生。

即使学习不好，也能拥有未来

说起孩子的学习，很多父母都会感到抓狂。这是因为绝大多数父母对孩子的学习现状都感到不满。毫无疑问，父母都是望子成龙、望女成凤的，他们希望孩子在学习方面能够出类拔萃，秒杀一切对手。然而，如果孩子在学习上没有天赋，哪怕父母花费更多的时间和精力，也未必能够提高孩子的学习成绩。俗话说，巧妇难为无米之炊。对老师而言，如果孩子在学习上毫无天赋，那么老师不管多么用心，效果都不会显著。

现代社会，竞争异常激烈，父母希望孩子能有个好文凭，总归是没错的。那么，孩子难道只有考上大学这一条路吗？当然不是，条条大路通罗马，即使孩子学习不好，也是有出路的。有些孩子找到了自己的特长，同样生活得很好。

张琪是个聪明可爱的男孩，他最喜欢玩游戏。对于学习，不是张琪不用功不努力，而是的确在学习方面没有天赋。例如，其他同学只

需要十几分钟就能背诵下来的一首古诗，张琪却要花费好几个小时进行背诵，而且背诵得结结巴巴，一点儿都不流畅。再如，对于有难度的数学题目，其他同学听老师讲解一遍就听懂了，也会做了，但是，张琪听老师详细讲述了好几遍，下次再遇到类似题型时，还是会出错。不要觉得张琪心不在焉，其实他已经听得很认真了。

刚开始的时候，父母对张琪恨铁不成钢，常常会责骂张琪。时间长了，他们渐渐地认识到张琪也许真的没有学习天赋，于是转而注重培养张琪的兴趣爱好。张琪喜欢玩游戏，理想是成为游戏工程师。他主动提出让父母为他报名编程和动漫设计的学习班，父母答应了他的请求。不过，父母的条件是张琪必须让学习保持中等水平，至少考试要及格。张琪答应了父母的条件，父母也为张琪报名参加了计算机学习班。一个暑假过去，张琪在计算机方面进步神速，他对计算机的兴趣更加浓郁。父母趁此机会对张琪说："如果你想不断地提升自己的计算机水平，就要争取考上大学，学习计算机专业。培训班里学到的计算机知识都是很粗浅的，只能学到一点儿皮毛。"张琪认为爸爸妈妈说得很有道理，当即重重地点点头。从此之后，他更加努力地学习，学习成绩也有了小幅度提升。

高考的时候，张琪没有奔着名校去，一则他知道以自己的成绩未必能够考上名校，二则他更想学习喜欢的信息专业。就这样，张琪顺利地考上了一所普通的大学，进入信息专业开始学习。在那里，他如鱼得水，在专业上的表现特别出色，后来还被保送研究生。研究生毕业后，张琪如愿以偿地成了一名游戏工程师，他开发的游戏很受欢迎，他也成了公司里不可或缺的重要人才。

谁说孩子必须学习好才有出路呢？那些有特长的孩子，同样能走出属于自己的人生道路。看到这里，也许有些父母会说，张琪学习尽管不是最拔尖的，但是至少考上大学了，我家的孩子根本没有希望上大学。真心地建议父母们，如果孩子没有希望考上大学，可以让孩子去技术学校学习技术。如今，很多高级蓝领也是特别受重视，只要有技术，他们根本不用为生计发愁。

再退一步来说，现代社会中就业的机会很多，有人在网上开淘宝店铺，有人去当外卖员，有人去送快递，有人提供家政服务，有人提供咨询服务，等等。孩子只要能吃苦耐劳，踏实肯干，就算做些小生意，也能养活自己。所以父母无须烦恼，也无须为孩子的未来过分担忧。与其紧盯着孩子的成绩不放，不如注重培养孩子健全的心智，让孩子积极乐观地面对生活，脚踏实地地创造生活，这样孩子才能拥有美好的未来。

拥抱伤痛，让心灵变得强大

看到孩子受苦，父母一定会心如刀割，甚至比自己受苦更难以忍受，这是因为父母爱孩子胜过于爱自己的生命。尽管父母愿意代替孩子受苦，但生命中的很多伤痛，都是每个人必须亲自承受的，孩子也是如此。这就意味着在很多时候，父母必须眼睁睁地看着孩子受苦。明智的父母会借此机会教会孩子拥抱伤痛，让心灵变得更加强大，这也是父母给予孩子生命的礼物。

为了避免孩子受到伤害，太多的父母拼尽全力，为孩子提供更加安全的环境。有些父母还会禁止孩子尝试去做那些冒险的事情。他们把孩子当成温室里的花朵养育，不让孩子经历任何风雨，甚至不让孩子接受阳光的直射。在这样的成长过程中，孩子从未吃过苦，从未受过伤害，他们的内心无比脆弱，感情无比敏感，简直不堪一击。

然而，孩子不可能始终在家庭中成长。3岁，孩子进入幼儿园；6岁，孩子步入一年级，开启了求学生涯。离开父母的庇护，孩子需要独立面对很多事情，如果此前从没有相关的经验可以借鉴，那么孩子就会特别被动，尤其是在面对伤害的时候，他们更是不知道应该如何预防，也不知道在伤害发生之后要如何面对。

在家庭教育中，对孩子展开挫折教育，让孩子品尝失败的滋味，让孩子学会承受痛苦，这是很重要的。在这个世界上，没有谁的人生会一帆风顺，父母即使再爱孩子，也不可能永远陪伴在孩子身边，给孩子无微不至的照顾和保护。既然如此，就早早地让孩子学会拥抱伤痛吧！

毋庸置疑，人人都喜欢那些令人开心的事情，人人都希望自己有所收获，有所成长，永远快乐，没有忧虑。然而，这只是美好的祈愿而已。即使是小小的婴儿，也难免会遇到伤痛，父母虽然很心疼，却无法代替婴儿承受伤痛。例如，在婴儿学会爬行之后，有的婴儿不小心掉落床下，就会磕得比较严重；在意外突然发生的时候，婴儿会号啕大哭起来。听到孩子哭得撕心裂肺，看到孩子疼得满头大汗，父母多么想抚平孩子的创伤啊！然而，创伤需要时间才能愈合，父母必须和孩子一起承受痛苦。

其实，和那些令人愉快的情绪相比，当沉浸在痛苦中之后，人们会发现自己的内心变得更加深沉，更有力量，自己的心胸变得更加博大，更加宽容。这是为什么呢？一个人要想对他人感同身受，就要具有共情的能力。如果自己也曾有过同样的经历，那么就能更深入地体会到他人的感受，也就能真正做到理解和宽容他人。痛苦会淬炼人的内心，使人如同平静的大海一样，在如镜的海面之下蕴藏着丰富的情感。

在痛苦发生的时候，我们往往以为自己无法承受，甚至觉得自己会挺不过这一关。但是，当痛苦成为过去时，我们就会感慨时间是治愈一切的良药，而那些无法打倒我们的，终将使我们变得更加强大。经历痛苦的淬炼后，我们变得更加坚强，变得无所畏惧，变得更加从容，不会再轻易陷入歇斯底里的情绪中。

作为父母，在养育孩子的过程中，恰恰需要痛苦的淬炼，才能激发出自己作为父母的潜能，未来以更从容的心态面对孩子的成长。每一个人都是普普通通的人，我们很普通，孩子也同样很普通。所以，我们既不要以超人的标准要求自己，也不要以超人的标准要求孩子。

你值得享受最美好的时间

万物皆有其时，这就意味着，我们不管做什么，都需要付出时间成本，哪怕我们只是想享受时间，也需要消耗时间。由此可见，与财力、物力和精力相比，时间才是最重要的、最不可或缺的成本。现实生活中，太多人为了安抚自己紧张焦虑的心，总是在不停地催促时间。作为成年人，每天过着朝九晚五的生活，也许已经很久没有看到初升的太阳，更没有感受过落日的余晖洒满全身的感觉。在仓促的生活中，我们越来越缺乏安全感，越来越担忧，反而离我们想要的越来越远。

因为害怕愿望无法实现，我们已经没有耐心等待时机成熟，甚至片刻也不能保持静默，就这样在聒噪的生活中长途奔袭。所有播下去的种子，终究会生根发芽；所有在春天里醒来的树木，终究会开花结果。每个孩子都拥有自己的花期，作为父母，要静静等待孩子花期的到来，怀着欣喜的心情见证孩子的绽放。而要笃定地做到这一切，相信是最重要的因素。唯有相信，我们才能实现心中所愿；唯有相信，我们才能享受最美好的时间。

遗憾的是，在现实生活中，每当说起和孩子有关的一切，很多父母都会感到恐惧，对孩子缺乏信心，做不到信任孩子。我们的心中有太多的“应该”，这就使得我们在无形之中预先对孩子进行了设定。在

“应该”的蒙蔽下，我们不能正确认识到内心的指引，急不可耐地给很多事情下结论，仓皇失措地插手原本应该旁观的事情。我们越来越犹豫不决，仓皇失措；我们越来越感到迷惘、畏缩和恐惧。在这样的状态下，我们在孩子身上寄托了不符合实际的期许，我们盼望着孩子能够快快长大，证明我们的期许是可以成为现实的。其实，即使作为父母，这些举动、这些想望，也都是多余的。孩子就像是一颗种子，他会按照自己的成长规律生根发芽、开花结果，如果父母揠苗助长，只会扰乱孩子的成长规律，甚至使孩子失去生命的活力。

为何不能接受孩子作为普通而又平凡的个体存在呢？养育孩子，应该是一个幸福美好的过程，而不应该是一场仓皇失措的赛程。当以这样的心态参与孩子的成长，我们就能做到无条件地尊重孩子，就会悦纳孩子本来的样子，就会发自内心地祝福孩子成为他自己。只有在自我感觉良好的情况下，孩子才能听从内心的呼唤，做好自己该做的事情，全身心地享受生命的旅程。

太多的父母都试图控制孩子，孩子小时候会对父母言听计从，这让父母感觉良好。然而，随着孩子的不断成长，自我意识得以发展，他们就不愿意再事事都听从父母的安排了。在这种情况下，父母自然会感到失落，也会想方设法地继续掌控孩子，甚至与孩子做起了心理游戏。当然，父母之所以这么做，不是为了剥夺孩子的权利，而是他们自以为是地认为，孩子必须听从父母的安排才会拥有更加幸福美满的人生。然而，无论父母比起孩子拥有怎样的优势，父母都不能决定孩子的一生，更不能代替孩子过完一生。孩子终究要独立面对属于

他们自己的人生，父母终究要淡出孩子的人生，看着孩子的背影渐行渐远。

父母与其狂热地安排孩子的人生，为孩子设置满满当当的时间表，不如放过孩子，也放过自己。周末到来，谁说我们一定要带着孩子奔波在不同的课外补习班之间，在孩子上课的时候煎熬地盯着手机屏幕数时间呢？我们完全可以和孩子一起去郊外，呼吸大自然里的新鲜空气，感受生活的美好。也许只是一起坐在江边发发呆，也许只是一起坐在海边听涛声，也许只是一起去山野里挖野菜，都是最美好的生命体验。当我们学会享受最美好的时间，也相信自己值得拥有最美好的时间，我们就洞察了幸福的秘密。

第六章
爱有序位：理顺关系，勇敢无畏前行

在家庭生活中，充斥着家庭成员间各种各样的关系。要想让家庭生活和谐幸福，我们必须厘清这些关系，让每个家庭成员都找准自己的位置，让爱有序位。对孩子而言，有幸福的家庭作为强大的后盾，他们就能勇敢无畏，执着前行。

爷爷奶奶不能成为“心理父母”

说起童年的经历，很多父母最深刻的印象不是爸爸妈妈，而是爷爷奶奶、姥姥姥爷。这是因为作为70后、80后，他们之中的很多人都是由爷爷奶奶或者姥姥姥爷抚养长大的，有些孩子一直跟着长辈上学，有些孩子则在学龄阶段被父母接到身边。这使得他们理所当然地认为，在孩子正式入学之前，和爷爷奶奶、姥姥姥爷一起生活天经地义。即便时代发展到现在，在很多偏远的地方，年轻的父母都外出打工，作为90后、00后的孩子，也是跟着长辈长大的。年轻的父母想当然地认为，孩子还小，不懂得思念，只要在上学的时候把孩子接到身边就行了。然而，有心理学家指出，孩子在3岁之前已经学会了人生中的大部分技能，也奠定了性格发展和心理、情感发育的基础。这恰恰意味着，孩子在3岁之前，最好在6岁之前，要在父母身边长大，每天都能得到父母的陪伴。

遗憾的是，一些父母都没有意识到和孩子共同生活的重要性。他们外出打工，直到春节时才会回到家里，与孩子短暂相聚。那些年纪很小的孩子，在与父母分别长达一年之后，根本不记得父母的模样，他们看到父母特别胆怯，在刚刚与父母重逢的时候，甚至不敢和父母亲近。几天过去，等到他们终于愿意与父母亲近了，父母却又要开始

新一年的远行。也许是迫于生计，也许是因为不重视对孩子的养育，很多孩子直到长大成人，到了辍学打工的年纪，才能去父母所在的城市，与父母团聚。他们与父母的关系既冷淡又疏离，与父母的感情也很淡漠。在这样的情况下，每当遇到难题或者陷入困境的时候，他们不愿意第一时间向父母求助，而是会自己想各种办法。也许，他们根本不想亲近父母，也并不信任父母吧。

和孩子与父母的疏离形成鲜明对比的是，孩子在整个成长的过程中都特别依赖照顾他们的爷爷奶奶或者姥姥姥爷，他们对爷爷奶奶或者姥姥姥爷感觉特别亲。小时候，爷爷奶奶或者姥姥姥爷负责照顾他们的吃喝拉撒、衣食住行；长大了，他们内心里渴望得到亲情的满足，就把这样的需要寄托在老人身上。由此一来，家庭序位被扰乱，孩子把爷爷奶奶或姥姥姥爷当成了“心理父母”，而把真正的父母当成了家庭中的过客。

杨浩从1岁开始，就与爷爷奶奶一起生活。她的爸爸妈妈外出打工，离家很远，每年只有春节时才回家几天。小的时候，杨浩对爸爸妈妈根本没印象，即使爸爸妈妈回家，她也误以为是家里来了亲戚。长大之后，杨浩才知道爸爸妈妈一直在外面打工，因为有爷爷奶奶陪伴，她也并不觉得孤单。此外，村子里几乎所有的孩子都和爷爷奶奶一起生活，所以杨浩也不觉得自己另类。

升入县城的初中之后，杨浩意识到自己与他人的不同。每天晚上放学，很多同学都回家，有些同学的爸爸妈妈还会在校门口等候。到了周五，那些和杨浩一样住宿的同学，也有爸爸妈妈来接，只有杨浩形只影单，独自坐公交车回家。她越来越感到费解，忍不住打电话问妈妈："妈妈，你们什么时候才会回来？"妈妈说："我和爸爸要在外面挣钱啊，不挣钱，你们吃什么，喝什么。"杨浩又说："在家里也可以挣钱啊！"妈妈说："在家里挣钱少，在外面挣钱多些。"杨浩不满地问妈妈："钱是永远挣不完的，你们永远都不回来了吗？"从此以后，杨浩和妈妈的话越来越少，也很少给妈妈打电话了。

有一次，杨浩和同学吵架，伤心极了。回到家里，杨浩哭着对奶奶说："奶奶，你要是我妈该多好啊！"听到杨浩的话，奶奶感到很心酸，却不知道应该如何安抚杨浩。

在这个事例中，杨浩不是因为爱奶奶，才希望奶奶当她的妈妈，而是因为她从内心深处感觉到自己需要妈妈，渴望得到妈妈的爱与关注。孩子一句平淡无奇的话，就诉说了自己的心声，只可惜妈妈并不把她的需求放在心里，也从不关注她真正想要的是什么。

如今，因为留守儿童的问题日益凸显出来，并为社会所关注。例如，他们感情冷漠，待人苛刻。这是因为他们从小没有得到过父母的爱与温暖，自然也就不会热情地对待他人。他们不擅交际，感到自卑，有些孩子还会因为自卑而表现出攻击性，这恰恰说明他们缺乏安全感。至于没有养成良好的生活习惯，没有形成良好的性格与品质，这都是留守儿童存在的问题。

除留守儿童之外，那些与孩子一起生活，却把孩子交给老人照顾

的家庭，也会因为隔代养育而出现各种矛盾。例如，两代人的教育观点、生活习惯等都是不同的；此外，老人还会特别溺爱孩子，导致孩子骄纵任性。为了消除这些问题，父母必须克服现实生活中的很多困难，亲自抚养孩子。否则，一旦爷爷奶奶等长辈成为孩子的“心理父母”，孩子就会真正地与父母疏远，这就给父母教养孩子带来诸多困难。人们常说，有付出才有回报，养育孩子也是如此。父母在孩子身上付出得越多，父母与孩子的感情就越深厚，与孩子的关系也就越亲近。作为父母，很多事情都可以假手于人，唯独养育孩子这件事情必须亲力亲为。

任何人都不能取代爸爸妈妈

看到这个标题，很多父母都会觉得不可思议：怎么能有人取代爸爸妈妈呢？先别着急，且让我们往下看，就会知道原来爸爸妈妈生了孩子，只能成为孩子生物学上的父母，要想成为孩子精神和情感上的父母，成为孩子真正意义上的父母，爸爸妈妈还需要持之以恒地做好很多事情。

一些父母因为对孩子疏于陪伴，在孩子做出冲动之举之前，很难觉察孩子的情绪。有些父母得知孩子的情绪状态，往往会感到很惊慌，他们不知道如何才能帮助孩子，只会求助于专业的心理医生。其实，真正能够帮助孩子的，只有父母。如果连陪伴孩子成长的父母都不能帮到孩子，那么父母又为何要寄希望于别人呢？作为父母，不管孩子出了什么问题，都要第一时间反思自己，判断自己是否对孩子尽到了责任和义务。如果父母无所作为，那么孩子就会面临困境。

张爱的家庭环境特别好。她与丈夫是大学同学，毕业没多久就结婚了，而后一起创业。因为忙于创业，张爱没有时间照顾孩子，在有了二孩之后，她的工作更加忙碌，所以她把离婚的姐姐请到家里来，帮她照顾孩子，照顾家庭。

原本，一切都很和谐，全家人都各司其职。但是，大女儿在进入青春期之后，出现了严重的叛逆行为，开始与同班男孩早恋，还时常逃学在外留宿。看到这种情况，张爱很慌乱，对于养育孩子，作为两个孩子的妈妈，她其实没什么经验，这是因为大女儿是由婆婆带大的。张爱尽管对大女儿苦口婆心，大女儿却丝毫也没有改变。这个时候，姐姐给张爱出谋划策："在一个家里，总有个人能够震慑住孩子。我看孩子一点儿都不怕你。不如，你让她爸爸发威，狠狠揍她一顿吧。说不定她就感到害怕了呢？"张爱的确对大女儿无计可施，因而撺掇怂恿丈夫揍大女儿。丈夫原本性格温和，但也被大女儿早恋的事情弄得焦头烂额，情绪暴躁。这天，大女儿又彻夜未归。次日，等到大女儿回家的时候，丈夫怒不可遏，张爱在一旁煽风点火，丈夫果然打了大女儿一顿。却没想到，大女儿借此机会离家出走，和那个男孩一起去了外地，杳无音信。张爱每天都担心大女儿的安全，丈夫责怪张爱净出馊主意，也埋怨张爱。看着原本幸福的家庭瞬间面临支离破碎的困境，

张爱懊悔不已。

为了获得感情上的安慰，张爱想要亲近小儿子，却发现小儿子特别疏远她，还会故意躲开她。有一天，小儿子一不小心摔倒了，张爱恰好在家里，赶紧飞奔过去查看小儿子的情况。小儿子却哭着去找姨妈，张爱怔怔地站在原地，不知道自己做错了什么。

在这个事例中，张爱的家庭结构是异常的。通常情况下，家里有爸爸、妈妈和孩子，顶多有爷爷奶奶或者姥姥姥爷住在家里帮忙。但是，在张爱家里，却还有孩子的大姨。最糟糕的是，孩子的大姨很喜欢出主意，这就影响了家庭中很多事情的发展和走向。张爱呢，尽管在职场上叱咤风云，但在家庭生活中显得很无力，又因为过于轻信姐姐，她只能成为传声筒。

在这种情况下，张爱想要与大女儿修复关系显然很难。其实，她可以找孩子的奶奶，毕竟大女儿和奶奶更亲，让奶奶出面劝说大女儿回家。等到大女儿回家之后，张爱也不要过多地管教大女儿，因为她之前一直对大女儿放手，现在想要行使作为妈妈的权力，显然为时已晚，也必然引起孩子的抗争。

对于小儿子，张爱明显感觉到孩子对自己的疏远，那么当务之急是赶紧把姐姐从自己的家里请出去，让家庭恢复正常的结构，这样孩子才会更亲近张爱。因为眼下的情形是，姐姐已经替代了张爱的角色。

很多父母因为不与孩子在一起生活，而错过了孩子的成长；也有些父母虽然与孩子在一起生活，却始终忽略孩子，从不关注孩子，这同样会错过孩子的成长。作为父母，一定要避免自己的同辈取代自己作为父母的角色。这是因为父母的同辈，往往与父母年龄相近，人生阅历相近，一旦他们与孩子亲密地生活在一起，很容易就会取代父母的角色，使得孩子心中失去父母的位置。在孩子很小的时候，父母家就要有意识地避免同辈监护和隔代监护，父母既然生养了孩子，就有义务、有责任照顾和抚养孩子。父母唯有对孩子的成长倾注更多的感情和心力，孩子才会发自内心地亲近父母，即使在进入青春期也愿意对父母敞开心扉。

重组家庭，用爱融化坚冰

俗话说，后妈难当。这句话既然能够流传至今，一定有其道理。其实，不仅后妈难当，后爸也是难当的。在重组家庭中，不管是后妈还是后爸，都面临着挑战。那么，为何后妈、后爸难当呢？是因为大多数后妈和后爸，都会遭到对方孩子的排挤。原本正常的家庭序位被打乱了，他们必须建立新的家庭序位，才能让家庭生活井然有序。

对于后妈、后爸而言，要更多地体谅孩子的感受，而不要因为被孩子排斥和抗拒，就认为孩子不懂事、不听话。假设我们是孩子，我们熟悉的家庭里突然闯入了一个陌生人，这个人和我们非亲非故，却要与我们一起生活，还要分走爸爸或者妈妈对我们的爱，我们是否会如同一只愤怒的小兽一样，当即进入“战备状态”，随时准备与对方进

行博弈呢？这是毫无疑问的。尤其是在后妈、后爸进门之后，孩子往往被要求称呼对方为妈妈或者爸爸，其实这对孩子而言是很难的。他们亲生的爸爸或妈妈不管是离开了家，还是离开了这个世界，其实依然在他们心中占据着重要的位置。要想让孩子接受一个陌生人作为自己的爸爸妈妈，是需要时间的，也需要用爱去融化他们心中的坚冰。

面对重组家庭，孩子是缺乏安全感的。年幼的孩子不知道自己的生活发生了什么，但发现爸爸或者妈妈从他们的生活中消失了，他们必然感到不安。稍微大一些的孩子看到另一个陌生人进入家里，说不定会误以为正是因为这个人的出现，爸爸妈妈才分开的呢，所以他们因为父母离婚而产生的负面情绪，很有可能发泄到新的家庭成员身上。从这个意义上说，每一个准备当后爸、后妈的人，都要做好充分的心理准备，这是一场持久战，需要持久地付出爱，才能赢得孩子的信任。

那么，具体来说，如何做才能当好后爸、后妈呢？

第一点，要尊重前任。步入一个家庭，肯定处处都会有前任的影子。就连孩子，也是前任亲生的。既然这个家庭前面的故事已经宣告结束，那么我们作为新的女主人或者男主人，就要怀着宽容大度的心态，接纳前任曾经存在过的这个事实，尊重前任。对于孩子而言，前任是他的亲生爸爸或者亲生妈妈，所以尊重前任自然能赢得孩子的好感，打开孩子的心扉。

第二点，先与孩子当朋友。很多后爸或者后妈，一旦进入家庭，就迫不及待地摆出作为家长的权威。这是不可取的。和孩子做朋友，这是一个更容易的开始，也能取得良好的效果。如果急功近利，迫不及待想要清除前任留下的痕迹，那么往往会事与愿违。

第三点，以现有家庭优先。既然是重组家庭，就会出现想照顾两个家庭却无法兼顾的情形。当出现这样的情况时，如何决定哪个优先呢？当然是以现有家庭优先。这是因为现有家庭是我们现在真正的家，家里的人是我们的家人、爱人和亲人。如果在这种矛盾的状态下，孩子也需要照顾，那么就要优先照顾孩子，因为不管是否离婚，孩子都是无辜的，孩子是父母的责任。

第四点，不排斥孩子的亲生父母，让亲生父母发挥作用。作为后爸、后妈，有一点很尴尬，那就是在还没有和孩子打成一片之前，孩子犯错的时候，教育的度很难拿捏。教育重了，孩子哇哇大哭，后爸或后妈未免会惹人生疑；如果对孩子放任不管，孩子就会变本加厉，这自然是对孩子不负责任的表现。所以明智的做法是，让孩子的亲生父母肩负起教育孩子的重任，自己则可以暂时作为旁观者静观其变。

不管怎么说，后爸、后妈都是一个家庭的新来者。在面对家庭中的敏感问题，如教育问题时，后爸、后妈一定要多多观察，多多学习。要想建立新的连接和安全感，就必须付出长久的努力，要做好打持久战的准备。此外，在和配偶相处的时候，也要考虑对方曾经在婚姻中受到过怎样的伤害，需要怎样的安抚，即便是面对家人、爱人和亲人，我们也要用心维护与对方的关系，让家庭生活更加和谐温暖。

单亲家庭，用爱铸就孩子的翅膀

俗话说，穷人的孩子早当家。意思是说，如果家庭经济很困难，那么孩子就会比较懂事，也会主动为父母分担。其实，不仅穷人家的孩子懂事早，在很多单亲家庭里，孩子也乖巧得让人心疼。这不是因为孩子天生就懂事，而是因为孩子面对家庭的缺失，自我意识提早觉醒，也就更早成熟起来。

从心理学的角度进行分析，儿童时期的生活经历、成长经历，将会成为人的性格底色，决定人拥有怎样的性格，拥有怎样的未来。因而作为父母，为了孩子一定要慎重地考虑婚姻问题，而不要把婚姻当成儿戏。心理学家经过研究发现，如果孩子在很小的时候经历了家庭的解体，那么在他们漫长的人生中都会受到这件事情的影响，无法摆脱。这就像是他们生命的阴云，遮蔽着他们的天空。

有些父母为了给孩子完整的家，选择以凑合的方式勉强维持着婚姻，其实，这是没有必要的。因为如果婚姻生活不幸福，孩子同样会有所觉察，有所感知，成长中也不会快乐。在这里，我们只说要慎重地对待婚姻，当爱已经不复存在，婚姻无以为继时，和平分手，当一个快乐的单亲爸爸或者单亲妈妈，给孩子美好的童年，是我们更应该努力做到的。

当然，不同的单亲家庭有自己不同的情况，作为单亲爸爸或者单亲妈妈要酌情处理。

豆豆原本有个幸福美满的家庭，有爱他的爸爸和妈妈。然而，一场车祸夺走了爸爸的生命，看到妈妈伤心欲绝的样子，豆豆既感到心疼，又感到绝望。那一年，豆豆7岁，很多和豆豆同龄的孩子，此时都依偎在爸爸妈妈的怀抱里开心地玩闹呢。看着妈妈接连几天躺在床上水米未进，豆豆生平第一次熬了米汤，还在米汤里放了好几勺白糖。熬好后，她颤颤巍巍地端到床前给妈妈喝。看着面孔稚嫩的豆豆，妈妈和着眼泪喝下了米汤。

从此之后，作为全职家庭主妇的妈妈不得不振作起来。结婚之后，妈妈就没有工作，一直是爸爸赚钱养家。现在，妈妈必须先找工作，才能养活自己和豆豆。因为学历不高，且人到中年，妈妈找工作很难，最终，她找到了一份在餐馆里当服务员的工作。餐馆里的工作时间很长，妈妈没法接豆豆放学。她问豆豆："豆豆，放学后你能自己回家吗？能自己在家写作业吗？"豆豆点点头。妈妈又问豆豆："我下班回家就到深夜了，你能自己热饭吃，然后洗漱睡觉吗？"豆豆又点点头。

第一天上班，妈妈心里七上八下的，她不知道豆豆能不能照顾好自己。她趁着工作间隙，通过摄像头看豆豆在家里的情况。看到豆豆拖着小小的身体努力做好每一件事情，妈妈只能把泪水流到肚子里。

经过一段时间的锻炼，豆豆习惯了自己照顾自己；她就这样长大了。

豆豆原本得到妈妈无微不至的照顾，却因为爸爸突然去世，妈妈不得不出去工作，豆豆只能自己照顾自己。原本，父母对孩子总是舍不得放手，而在现实的无奈下，又只得心疼地放手。在这个事例中，豆豆不得不快快长大，哪怕不能给妈妈帮忙，至少也要给妈妈减轻负担。太多的单亲父母都记得自己辛苦抚育孩子成长的经历，也在内心深处感到自己亏欠孩子很多。其实，不管是怎样的成长经历，对于孩子而言都是人生中最宝贵的财富。

在单亲生活中，父母需要注意的是，不要长久地与孩子保持无法割舍的关系。很多妈妈与儿子相依为命，把儿子视为自己的全部，不但养育出了“妈宝男”，还会干涉孩子未来的婚恋。这使得孩子成为妈妈的提线木偶，不能坚持自己的主见，凡事都要听从妈妈的安排。毫无疑问，这非常不利于孩子的成长。

此外，单亲父母要及早对孩子放手。很多单亲父母没有再婚的打算，害怕孤独和寂寞，所以不愿意对孩子放手。他们以无形的感情绳索把自己与孩子紧紧地捆绑在一起，长此以往，孩子的依赖性必然越来越强，也就不愿意改变与单亲父母共生的状态。

作为单亲父母，不管多么艰难地抚养孩子长大，都要牢记初心，那就是让孩子独立，拥有属于自己的人生。所以，父母要狠下心来和孩子分离，要说服自己舍得把孩子放飞到更广阔的天地里去成长。

单亲父母一定要调整好心态，拥有属于自己的生活，而不要把孩子当成自己的唯一，更不要因为离婚觉得愧对孩子。每个人在生命的历程中都扮演着多重角色，我们除了是孩子的父母之外，还是儿子、女儿，上司、下属，别人的兄弟姐妹和好朋友。既然如此，我们应该让自己的生活更加丰富精彩，也应该让自己拥有更美好的未来。记住，爱不是占有，而是给予；爱不是束缚，而是放飞！

第七章
爱的语言：学会沟通，用话打动孩子

每一个父母都爱孩子，但是并非每一个父母都掌握了爱的语言，能够以正确的方式与孩子进行沟通，也以恰到好处的表达方式打动孩子的内心。沟通是亲子相处的重要方式之一，只有保持沟通顺畅，才能建立良好的亲子关系，增进亲子感情。从这个意义上来说，要想当好父母，父母首先要学会沟通，学会诉说爱的语言。

亲子沟通，必须保持一致

很多父母都发出了共同的感慨：父母难当。如今，很多父母不但是新手父母，毫无经验，而且有很多父母缺乏理论的指导。在这种情况下，越来越多的孩子指责父母不懂得沟通，父母却一头雾水："我活了半辈子都是这么说话的，现在居然轮到你一个小屁孩挑剔我了吗？"没错，父母就算已经说了几十年的话，也不代表父母会说话，且能把话说好的。

作为一名家庭教育心理教练，我听过太多父母的抱怨。一个周日，我正在工作室里查阅资料，一位中年男性来到我的工作室，向我求助。他对我说："老师，我最近感到特别崩溃，因为我不会说话了。"尽管知道他所说的不会说话是什么意思，我还是以夸张的表情看着他，表现出我的疑惑。他继续说道："现在，网络媒体动不动就披露不该对孩子说的十句话、不该对孩子犯的十个错等，搞得我当了十几年的父亲，现在非但不会当父亲，连和孩子说话都胆战心惊的。"我忍不住笑起来，说："这很好啊，说明你在反思自己，而且你有意愿改变自己。"

我的话音刚落，这位父亲就苦笑着说："我是反思自己了，但是我完全不知道如何改变自己，孩子动不动就指责我破坏了亲子关系，使我负罪感很重，我甚至觉得自己根本不够格当父亲。”

其实，这位父亲的困惑和苦恼并非个例，而是很常见的。在家庭教育中，很多父母都有这样的烦恼。现在的孩子越来越渴望得到尊重，追求平等。显而易见，现在的父母根本不可能像以前的父母那样对孩子发号施令。然而，矫枉过正也是没有必要的。父母这份职业很特殊，父母的工作对象——孩子也很特殊，所以，我们完全没有办法把父母这份职业流程化或者模式化。每一个家庭都是独特的存在，每一个父母都要根据自己孩子的实际情况，给予孩子最好的对待。

还让父母们感到困惑的是，很多孩子都觉得自己与父母之间有代沟。这使他们不愿意听父母讲话，对于父母的回应永远只有“嗯”“啊”“好的”“是的”，最长不超过两个字。作为父母必须注意了，当得不到孩子积极的回应时，父母就要意识到孩子对沟通怀有抵触和抗拒的态度。

孩子为何不愿意与父母沟通呢？是因为他们总是被父母批评和否定，常常被父母唠叨和指责，长此以往，他们索性对父母关闭了心扉。那么，父母为何要指责和批评孩子呢？其实是为了维护自己作为父母的尊严。有些父母明知道自己不应该批评孩子，还是会假装严厉地批评孩子；有些父母明知道自己错怪了孩子，需要向孩子道歉，却偏偏嘴硬，拒绝道歉；有些父母明明内心很脆弱，却偏偏要对孩子河东狮吼，以此掩饰自己的脆弱。总而言之，他们口不对心，不能保持自我的一致。在这种情况下，孩子会感到很迷惘，也会觉得父母反复无常。

如果从保护自己的角度进行区分，我们可以把父母的不一致沟通分为四种类型，即讨好、指责、异乎寻常地理智和转移话题。为了让亲子沟通起到更好的效果，父母一定要坚持一致沟通，而不要给自己和孩子转移话题或者互相指责、抱怨的机会，因为在不一致沟通的情况下，父母和孩子都在掩饰自己的真实情感，毫无疑问，这对于解决问题极其不利。反之，保持一致性沟通，则是以真诚坦率为前提的。在一致性沟通里，我们既承认自己的情感，也表达自己的情感，还会兼顾他人的感受。因为表里一致，所以我们心怀坦荡，对待他人真诚友善，也能够对他人产生共情。

坚持一致性沟通，要把握四个原则：第一，讲事实，不评判；第二，讲感受，不片面；第三，讲期待，讲需要；第四，讲请求，不命令。只要坚持这四个原则，我们与孩子的沟通不但不存在代沟，而且还能保持一致性沟通的良好状态，使得亲子沟通畅通无阻。

孩子顶嘴到底好不好

很多父母都特别厌恶孩子顶嘴，他们认为顶嘴是孩子不懂得礼貌，是不尊重父母的表现。不得不说，父母对孩子下这样的论断显然过于武断，也表现出家长专制的作风。什么叫顶嘴？直白地说，就是孩子不认可父母的看法，勇敢地表达出自己的看法。从人权的角度来说，既然父母与孩子的沟通是建立在尊重和平等基础上的双向沟通，那么

父母有权利表达，孩子也有权利表达。从安全感的角度来说，如果父母是暴君，孩子肯定不敢顶嘴，当孩子敢于顶嘴的时候，恰恰意味着孩子在父母面前感觉很安全，也愿意对父母吐露自己的心声。由此可见，只要父母不想对孩子发号施令，而是想要与孩子平等交流，那么孩子不管说什么都不是顶嘴，只是在表达自己的看法。

有些父母一旦被孩子顶撞，就会火冒三丈。他们认为，自己作为家长的权威被挑战，被质疑，无法继续享受在孩子面前高高在上的感觉，所以感到特别恐惧。为了改变这种现状，他们对孩子变本加厉地严格管教，孩子就会更频繁地做出顶撞行为。这种状况的出现，一是孩子到了叛逆期，自我意识觉醒，不愿意继续服从父母导致的；二是可能是父母不恰当的表达方式引起的。

有个妈妈最近特别烦恼，因为这段时间她的儿子小雨变成了顶嘴大王。

妈妈问小雨："小雨，你吃西瓜吗？"

小雨："不！"

妈妈问小雨："小雨，你吃麦片吗？"

小雨："不吃！"

妈妈问小雨："小雨，你想去散步吗？"

小雨："不想！"

妈妈问小雨："小雨，你要带雨伞吗？"

小雨回答："不带！"

总而言之，这位妈妈从未从孩子那里得到过除否定和拒绝之外的其他回答。那么，问题到底出在哪里呢？细心观察就会发现，这位妈妈在和孩子沟通的时候，采取的都是非问句，即孩子只需要回答是或者否。在这种情况下，如果孩子不想回答“是”，那么就必然回答“否”。父母要想与孩子更深入地交流，可以对孩子进行开放式提问，或者给孩子提供选项让孩子做出选择。例如，妈妈不要问孩子“想吃菠菜吗”，而是可以问孩子“想吃什么菜”。在孩子回答了一个菜名之后，妈妈还可以问孩子“为什么想吃这种菜”或者“除了想吃这种菜，你还想吃什么”之类的问题，这样才能打开孩子的话匣子，让孩子更乐于表达。

破解了孩子只回答“不”的魔咒，接下来，父母要解决的是孩子顶嘴的问题。其实，这个问题在开篇就给出了回答，即父母不要对孩子发布命令，也不要试图操控孩子，那么就不会觉得孩子是在顶嘴。例如，父母命令孩子，“你现在必须去洗澡”，孩子就会说，“我不，我还要玩一会儿游戏”。很多父母会认为孩子这样表达不同意见就是顶嘴。那么父母如果能够改变一种方式，以和善的语句询问孩子，“你打算什么时候去洗澡”，孩子就会回答，“我再玩十分钟就去洗澡”。这样问孩子，给孩子决定的权利，孩子非但不再顶嘴，还会给出父母确定的回答，可谓一举两得。以此为例进行分析，我们就会知道父母只看到孩子顶嘴，却没有看到孩子顶嘴背后的需求。所以，只要父母调整好思路，询问孩子有怎样的需求，孩子就不会再顶嘴，而是直接把自

己的需求表达出来，可谓皆大欢喜。

在与孩子相处的时候，太多父母都陷入了自以为是的怪圈，他们以自己的主观思想揣测孩子，也常常在不知不觉间试图压制孩子的真实想法和独立主见。长此以往，父母与孩子之间的关系怎能不紧张呢？

有些孩子在情绪崩溃的情况下，还会对着父母大喊大叫或者歇斯底里地哭泣。其实，这是孩子的呐喊，不是在挑衅父母，也不是在威胁父母，他们只是想让父母看到他们心中的真实需求和想法。

在亲子关系中，父母占据主导地位，父母应该是比孩子更成熟理性的，也应该主动肩负起经营好亲子关系的重任。每当发现孩子不愿意顺从父母或者对父母故意顶撞时，父母先不要急于发脾气，而是要耐心地寻找孩子顶嘴背后的深层次心理需求和情感需求。作为父母，不要先入为主地设定孩子，而是多询问孩子的真实想法，积极地采纳孩子的各种建议。这样一来，才能激励孩子更愿意和父母沟通，也让亲子沟通保持顺畅的状态。尤其需要注意的是，在孩子表达的过程中，切勿打断孩子，而是要耐心地倾听，这既是尊重孩子的表现，也是促进沟通的重要举措。

家庭教育，身教大于言传

说起沟通，大多数父母都认为只有语言交流才是沟通。父母这样的理解是狭隘和片面的。沟通的方式多种多样，除语言沟通之外，还有眼神的沟通、肢体动作的沟通等。在家庭教育中，还存在一种特殊的沟通方式，并不需要面对孩子说什么或者做什么，沟通的效果却很好，这就是——言传身教。

从心理学的角度来说，言传身教属于潜意识沟通。如果说语言沟通、眼神沟通、肢体动作沟通，以及用现代化通信手段与孩子之间进行的沟通都属于有意识的沟通，是冰山浮出水面的一部分，那么潜意识沟通则是在水面底下的那部分。所谓潜意识沟通，就是在无意识状态下进行的沟通。在进行潜意识沟通时，父母的行为反应被调整到自动导航的系统模式中，自动做出反应。

了解了潜意识沟通的特点，很多父母都会感到难以置信：教育孩子是有意识的行为，怎么可能是在无意识状态下进行的呢？然而，心理学家经研究发现，在生活中，人们95%的行为都是在潜意识的控制下进行的。例如，每天早晨起床、洗漱、如厕、走路、开车等，这些已经习以为常的行为，我们不需要思考就能自然而然地做出来。然而，对于婴儿来说，诸如刷牙、洗脸这些行为，都是需要在意识的驱动下去学习的。当我们经过反复练习，让肌肉形成记忆之后，潜意识就会驱动我们去做这些事情。

在对孩子开展言传身教的过程中，我们很少会刻意地去做一些事情以给孩子树立榜样，而是会根据自己的世界观、人生观和价值观，以及日常的行为习惯，自然而然地做出一些举动，给孩子以潜移默化的影响。

作为父母，要想突破亲子关系的局限，就要努力挖掘隐藏的真相。

唯有坚持学习，解读自己的潜意识，我们才能更好地与孩子相处，才能对孩子施加积极的影响力。很多时候，父母无意识地说出一些话，伤害了孩子，自己却毫无察觉。例如，当看到孩子考试成绩不佳的时候，父母会对孩子说："你怎么这么笨呢，连及格都考不到。你看人家刘娟多聪明，每次考试都是满分。"父母也许只是顺嘴一说，孩子却从此形成了错误的自我认知：我是个笨蛋，我不可能把学习搞好。

如果父母察觉到自己说话的方式有问题，应改变方式对孩子说："这道题做得很好啊！这道题很难，你却做得这么好，说明你很聪明，也开动脑筋思考了。你只要再细心一些，不要因为粗心扣分，下次成绩还会继续提升的。"试问，如果你是孩子，在听到父母这样截然不同的两种表达方式后，你会有怎样的想法呢？你一定会觉得听到前面的说法灰心丧气，听到后面的说法信心十足。

为了把握好亲子沟通，为了把话说得让孩子心动，父母一定要掌握潜意识的规律，切勿口无遮拦地对孩子说出那些伤人的话。俗话说，"良言一句三冬暖，恶语伤人六月寒"。父母不要轻视语言的重要作用，如果父母能够做到把话说好，那么与孩子之间的关系也会发生翻天覆地的变化。

现实生活中，很多父母的口头禅都是"不许""不要""不能""不行"等，这些词语都是表达否定和禁止的。很多父母都不知道的一个秘密是，孩子的潜意识不会区分否定。例如，父母对孩子说"不要蹦跳"，那么孩子心中第一时间出现的就是蹦跳的画面，所以他们非但不会收敛，反而蹦跳得更欢腾。因而，在对孩子表达的时候，可以告诉孩子“坐好”“喝温水”“多吃水果和蔬菜”等，这样，孩子就会做出正向的举动。对于潜意识而言，真正的指令就是词汇，潜意识不会在乎说话的人在词汇面前加了多少个否定词。因而，形成正面表达的好习惯，父母就会得到孩子的更多配合。

除不会区分否定的意思之外，潜意识还不会区分你、我、他。这是潜意识的第二个特点。在两岁之前，大多数孩子都认为自己与世界是一体的，这也合理地解释了孩子为何没有物权概念。潜意识的第三个特点是更侧重于图像而非文字，正是基于这一点，父母的言传身教才会对孩子起到更好的作用。所以，父母要注意的是把很多观点做出来给孩子看，而不是把观点说出来给孩子听。例如，一位父亲一边吞云吐雾地抽烟，一边告诫孩子长大之后不要抽烟，但是，孩子更容易记住父亲抽烟的画面，而很难记住父亲让他不要抽烟的告诫。所以父母一定要重视对孩子的言传身教，也要引导孩子的意识与潜意识同频共振，从而起到更好的教育效果。

掌握批评的艺术

在这一篇里，我们先分享一位巨慧少年学员的心得。

各位叔叔阿姨，下午好，我叫冯淑雯。曾经，我是一个在班里排名倒数的孩子，因为学习成绩不好，爸爸总是打我骂我，还对我说一

些很难听的话。有一次，我考试没考好，爸爸指着我的脑袋说："你是只猪吗？我要是把猪送去上学，猪都会考得比你好。你还没有猪有用呢，猪吃糠咽菜还能长肉卖钱，你呢？我供你吃供你喝，你连学习都学不好。"每次听到爸爸这么说，我都恨不得找个地缝钻进去，这些话就像是一把把锋利的刀子，刺入了我的心里。

升入初中之后，第一学期期中考试后，学校里召开家长会，正是在家长会上，老师向我们的父母介绍了巨慧教育。这次期中考试，我的成绩依然很糟糕。爸爸去学校开家长会，我在家里坐立不安，特别忐忑，因为我害怕爸爸回到家里又会打我骂我。

出乎我的预料，回到家之后，爸爸并不像以前那样怒气冲冲，黑着脸训斥人，反而眉目慈祥，就连和我说话的语气都很温和。我不知道爸爸为何改变了，但是我悬着的心放下来了，我真的很喜欢这样的爸爸。那天晚上，爸爸既没有打我，也没有骂我，我原本以为爸爸是有什么好事情，所以才会暂时不生气。然而，一天天过去，爸爸态度依然温和。有一天，爸爸对我说："淑雯啊，你很勤奋，只是还没有掌握学习的方法，一旦掌握了方法，你的学习成绩就会提升，你放心，爸爸也会帮你的。"听到爸爸这句话，虽然我知道爸爸对我现在的学习成绩不满意，但是我感到很温暖。

爸爸的态度影响了我，改变了我。我不再因为压力大而胆战心惊，我相信不管我的成绩如何，爸爸都不会不爱我。在这样的心态下，我的成绩反而得到了提升。现在，我每一科都考到了 90 多分。我渐渐找到了自信，我越来越相信我能创造奇迹。

后来，爸爸兑现了承诺，让我报名参加了训练营。刚刚进入训练营中学习的时候，有一次，樊老师突然叫我上台发言，上台之后，我一个字都说不出来，紧张得哭了起来。但是，在经过一段时间的学习之后，在老师的鼓励和同学们的支持下，现在的我越来越勇敢，也敢上台发言了。

很多父母误以为批评就是带着负面的情绪，声色俱厉地指出孩子的错误和不足，使孩子感到害怕和恐惧，因为畏惧父母而做出改变，努力提升自己。这样的理解完全是错误的，批评的目的是帮助孩子认识到自己的错误，改正错误，批评不是父母发泄愤怒情绪的方式。在批评孩子之前，父母一定要先平复自身的情绪，切勿带着情绪对孩子说出不合时宜的话。

父母必须明确一点：孩子每天辛苦地学习，他们比谁都渴望获得优异的成绩。学习是与孩子的很多因素都是密切相关的，也受到家庭环境、学校环境等的影响，所以不是孩子一厢情愿就能决定的。在这种情况下，当发现孩子学习成绩不佳的时候，父母不要急于指责孩子，而是要多多地鼓励孩子。哪怕是想批评孩子，也不要讽刺挖苦，而是要发挥批评的艺术，认可孩子，激励孩子，帮助孩子提振信心。在上述的分享中，冯淑雯的爸爸改变了批评孩子的方式，使孩子感受到前所未有的温暖，并从中获得了强大的力量，因而孩子主动自发地努力学习。后来，爸爸也委婉地批评了冯淑雯，并且希望冯淑雯能够掌握学习方法，冯淑雯的确做到了。这就是沟通的魅力，同样的人，同一件事情，采取不同的方式、组织不同的语言进行沟通，就会产生截然不同的效果。

父母批评孩子，需要方法，更需要智慧。批评的方法有很多，父母未必都要向冯淑雯的爸爸学习，也可以根据自家的实际情况，从孩子的性格等特点出发，选择以最适合孩子的方式与孩子沟通，委婉地为孩子指出不足，这样才能让家庭教育事半功倍。

慷慨地赞美孩子

如果孩子喜欢谴责别人，是因为平时我们对他批评过多。

如果孩子凡事喜欢抱怨，是因为我们总是挑剔他。

如果孩子喜欢对抗，是因为我们对他有敌意和强制。

如果孩子不够善良，是因为我们是一个缺少同情心的人。

如果孩子胆小、羞怯，是因为他经常被嘲弄、辱骂。

如果孩子不跟我们说心里话，是因为我们捉孩子的话儿把，翻旧账。

如果孩子不辨是非，是因为我们专制，没有给孩子自主和思考的机会。

如果孩子很自卑，是因为我们对孩子总是失望，不能耐心地鼓励他。

如果孩子嫉妒、敏感、怕受伤，是因为我们的家庭没有宽容和温暖。

如果孩子不喜欢自己，是因为我们对他缺少接纳、认可和尊重。

如果孩子不上进，不努力，是因为我们对他要求过高。

如果孩子很自私，是因为我们对他太溺爱，要什么给什么。

如果孩子不懂父母的苦心，是因为我们没有教会他理解别人。

如果孩子退缩、逃避，是因为遭到了我们的轻视和打击。

如果孩子懒惰和依赖，是因为我们替孩子做的事和决定太多。

从本质上讲，不存在有问题的孩子，只存在有问题的家长。对于一个家庭来讲，你是树根，孩子是花朵，如果花朵有问题，多半树根也有问题。教育孩子的实质在于教育自己，而自我教育是影响孩子最重要的途径。大多父母不擅长赞美孩子，在与孩子相处的过程中，他们的眼睛总是盯着孩子的缺点和不足，还常常直截了当地为孩子指出来。因为不懂得语言表达的艺术，父母的话如同一根根刺一样扎入孩子的心里，使孩子受到伤害。要想赞美孩子，父母不仅要有欣赏孩子的心灵、善于发现的眼睛，还要能够口吐莲花，否则，好话也会被说坏，好事也会被搞砸。

不管是年纪小的孩子，还是年纪大的孩子，都非常想得到父母的认可和赞许。常言道，好孩子都是夸出来的。父母只有坚持夸赞孩子，孩子才能朝着父母所期望的那样成长，如果父母总是对孩子各种否定和打击，那么孩子就会感到心灰意冷，丧失自信心，也会失去成长的动力。所以，明智的父母不管孩子的表现如何，都能做到悦纳孩子，发自内心地赏识孩子。

一直以来，妈妈都坚持夸赞菲菲。菲菲因为出生的时候脑部缺氧，

大脑发育比起同龄人略显滞后。幼儿园时，老师对妈妈说："菲菲感统协调不好，需要多多锻炼。上课的时候，也不能遵守课堂纪律。"菲菲问妈妈："妈妈，老师是怎么说我的？"妈妈笑着告诉菲菲："老师说你在学校里的表现越来越好，要是能更认真地听讲，那就更好了。"菲菲开心地笑了。此后，妈妈经常陪伴菲菲进行感统训练，为了提升菲菲的专注力，还给菲菲报名学习围棋。

小升初前，老师对妈妈说："菲菲的学习成绩很一般，能考上普通初中就不错了，对于重点中学就不要抱有希望了。"菲菲问妈妈："妈妈，老师是不是说我学习不好？"妈妈笑着对菲菲说："老师说，你在学习方面很有潜力。如果你能把自己的潜力都激发出来，努力提升学习成绩，很有希望考上重点中学。"听了妈妈的话，菲菲振奋精神，不叫苦叫累，拼搏了大半年的时间，终于考上了重点中学。

就这样，在妈妈的鼓励下，菲菲又考上了重点高中，还升入了名牌大学。在拿到大学录取通知书的那一天，菲菲热泪盈眶地拥抱了妈妈，对妈妈说："妈妈，对不起，我知道我一直不够优秀，是你始终相信我，支持我，鼓励我，我才能有今天。"妈妈摩挲着菲菲的头说："傻丫头，在妈妈心里，你就是最优秀的，没人能和你相比。"

有这样一个妈妈，菲菲多么幸运啊。不管她表现如何，妈妈始终激励她，鼓舞她，默默地支持她。原本，菲菲已经感觉到自己与同龄人之间的差距，但是，每当她怀疑自己的时候，妈妈坚定不移的表扬给了她莫大的信心和勇气，使她能够继续努力，坚持前行。正是妈妈力量持续地注入，菲菲才能全力以赴做好自己该做的事情。

作为父母，我们都要向菲菲妈妈学习，不管孩子表现如何，始终给予孩子最坚定不移的信任和支持，越是在艰难的时刻，我们越是要守护在孩子的身边。很多时候，击垮孩子的不是来自外部的力量，而是来自家庭的力量，尤其是来自父母的力量。这是因为孩子很信任父母，在没有形成自我评价的能力之前，他们甚至会把父母对他们的评价作为自我评价。这意味着父母对孩子的影响力是很大的。

那么，父母在赞美孩子的时候，就要注意以下几点。

首先，赞美要及时。有些父母喜欢拖延，不能做到及时赞美孩子。孩子在有了小小的进步或者做出一些希望得到赞美的事情时，当即就会满怀期待，父母赞美的拖延却会让他们感到失望。

其次，赞美要具体。自从提倡赏识教育以来，很多父母对孩子都会进行泛泛的赞美。例如，他们常常随口夸赞孩子"你真棒""你太优秀了""你真的很厉害"。一开始，孩子听到这样的赞美也许会很心动，但是随着时间的流逝，他们会越来越麻木，觉得这样的赞美平淡无奇。所以，父母在赞美孩子的时候，一定要生动具体。再如，孩子考取了好成绩，不要说"你很优秀"，而是要说，"这段时间以来，你每天都睡得很晚，认真复习，非常辛苦，非常用功，所以才能有这么好的收获"。听到父母这样真心的赞美，孩子才会持续努力。

再次，赞美孩子不为人知的优点。如果孩子因为某个突出的优点而得到很多次赞美，那么父母就要发掘孩子身上新的闪光点。这样的赞美会让孩子觉得很新鲜，也能打动孩子的心。

最后，赞美不要泛滥。太多的父母都会高频率地赞美孩子，使得孩子的耳朵都已经被赞美磨出老茧子了。俗话说，凡事皆有度，过犹不及，赞美同样如此。只有控制好赞美的频率，赞美才会起到最好的效果。

让孩子充实快乐地成长

在这一篇里，我们分享一位母亲的感受。

大家好，我叫朱丽萍，在女儿小的时候，我很少陪伴女儿，女儿缺乏自信，也没有安全感。在学习和生活中，她有很多坏习惯，如磨蹭、拖延，没有目标和梦想。

女儿的文化课很一般，所以在初中毕业后，我们为她设定了艺术生的道路。为此，从 2018 年到 2019 年，女儿一直在北京参加美术培训。在北京的学习生活，使她有了明确的目标，例如，她很想考入中央美院、北京工业大学和北京服装学院等。遗憾的是，她的文化课真的很糟糕，因为觉得文化课不合格，这几所学校根本不能录取。为此，女儿受到了严重的打击。

从北京回家时，她已经准备放弃文化课的考试，也做好了心理准备，想要复读，再次参加高考。对于女儿这么早就放弃了当年的高考，我作为妈妈心急如焚。我认为，无论如何，她都应该努力拼一拼。我记得巨慧教育里有个案例，讲一个孩子在距离高考只有一个月的情况下，发愤图强，恶补文化课的故事。为此，我联系了安老师，把女儿的情况一一告诉了安老师。当时，我把安老师当成最后的希望，当即就与安老师约好了时间，让安老师对我的女儿进行心理辅导。经过深入沟通，老师分析了我女儿的心态，也和我女儿谈起是否应该参加当年高考的问题，还说起了我女儿的理想和志向。

在和老师交谈之后，我感觉到女儿的眼中有了希望的光芒。在老师的循循善诱下，我女儿开始静下心来补习文化课。在进行了一段时间的文化课复习后，我发现女儿对各门学科的学习，明显更感兴趣了，而且信心也得以提升。后来，她考取了师范二本类的院校。

在女儿考入大学后，巨慧教育的樊老师、安老师继续关心她，他们劝说她积极地参与学校学习，与同学之间展开交往，拓展丰富的人脉关系，并且建议她多参加学校里的活动，借此机会锻炼组织和协调能力。在他们的激励和鼓舞下，我女儿的大学生活非常充实和忙碌，她不但积极地竞选班干部，还被学校派到国外交流学习。她拥有了充实的大学生活，我感到特别欣慰。我相信，她一定能在大学里长足发展，变得越来越优秀。

在教育孩子的过程中，很多父母都陷入了一个误区，即把孩子的成长看成片面的，而非整体的。实际上，对于孩子而言，他们始终都处于成长的状态中，他们的成长是全面的，是立体生动的。所以，父母要以更好的心态面对孩子的成长，促进孩子的心智发育成熟，而非只对孩子的学习或者某些方面提出硬性的指标和要求。

当孩子真正充实而快乐地成长，他们就会拥有强大的内驱力，就会全力以赴做好自己。在这种情况下，父母就不需要亦步亦趋地跟紧孩子，给孩子以强大的推动力量了。所以，不管孩子处于生命的哪个阶段，成长都是孩子的首要任务。

那么，父母要陪伴孩子成长，就要做到以下几点。

第一，要尊重孩子的内在规律和成长节奏，不要过多地催促孩子。孩子的成长是有规律的，父母即使再心急，也不可能揠苗助长。

第二，要为孩子的成长提供助力。父母虽然不能代替孩子成长，却可以为孩子的成长提供助力。例如，在上述事例中，妈妈看到女儿要放弃当年的高考准备复读时非常着急，知道自己没有能力更好地帮助孩子，就带着孩子寻求专业人士的帮助。最终，在专业人士的帮助下，孩子不但开始补习文化课，而且取得了很好的成绩。这样一来，孩子的命运就彻底改变了，她不再需要复读，也找回了自信，所以在大学校园里才会有那么出色的表现。

第三，尊重孩子的兴趣和爱好。太多的父母都想让孩子走上规划好的道路，然而，那条道路尽管看似完美，却不是孩子自己做出的选择。父母要尊重孩子，给予孩子自由选择的权利，让孩子去做自己喜欢做的事情，这样孩子才会有更好的发展。

第四，信任孩子，支持孩子。只要孩子做的是他愿意做的事情，父母有何理由不支持孩子呢？然而，支持孩子的前提是信任孩子。太多的父母都不信任孩子，他们不相信孩子能做得更好，常常对孩子表示质疑，因此不愿意把很多权利交还给孩子。其实，父母只有信任孩子，对孩子放手，无条件地支持孩子，才更有利于孩子成长。

第八章
爱的实践：
爱是发现，爱也是成全

什么是爱？有人说，爱是无私的付出；有人说，爱是不计回报；有人说，爱是无条件的；也有人说，爱是相互成就。在人类社会中，爱是一种很普遍，很单纯，很复杂，也很微妙的感情。爱可以有无数种阐释，这是因为在不同的人心里，爱有不同的面貌；在不同关系的人之间，爱有不同的体现。那么，对于父母而言，爱是什么？爱是实践，爱是发现，爱是让孩子成为自己。

发掘孩子的优势力

随着经济的快速发展，人们的日子越来越好，过上了吃喝不愁、衣食无忧的生活。很多父母想起自己小时候的生活，总是以羡慕和感慨的语气对孩子说："你们多么幸运啊，生活在这样的好时代里，过着幸福快乐的生活。"的确，现在的孩子根本不知道何为物资匮乏，他们对很多美味的零食根本不稀罕，连看也不想看一眼；他们从来不为生活担忧，因为父母勤奋努力，竭尽全力地为他们提供最好的生活。根据马斯洛的需求层次理论，当人们不再为了满足温饱而发愁时，也就是人们满足了低层次的需求时，那么人们就会自然而然地转向高层次的需求，即他们会渴望获得精神上的满足。在这样的时代背景下，很多年轻人都更加渴望获得精神成长。

时代在发展，社会在进步，作为新时代的父母，也必须顺应形势，与时俱进。在吃不饱穿不暖的年代里，绝大多数父母都为如何养活孩子而备受煎熬。现在的父母虽然不再为孩子的吃喝而发愁，但是必须要促进孩子的精神成长，满足孩子的情感需求，使孩子身心健康、幸福快乐地成长。

因为亲身感受到竞争的压力，还有很多父母希望把孩子培养得出类拔萃。然而，在蜜罐里长大的孩子和在苦水中长大的父母，对此产

生了分歧，对于父母的热切渴望，孩子不以为然。他们常常怒怼父母："你觉得好你去做，我不喜欢做。"就这样，他们轻易否定了父母为他们安排好的工作，因为他们的目标是做自己喜欢的事情，实现自己的价值。需要注意的是，如果说父母口中所谓的价值与名利是相关的，那么孩子口中的价值则更多地倾向于追求自己的喜好和精神价值，与获得多少金钱或者物理性的报酬之间并没有必然的联系和直接的关系。换言之，现在的孩子更看重自己的梦想，已经把依然坚持务实的父母远远地甩下了。

现代社会人工智能越来越普及，很多原本只能依靠人力去做的工作，也可以交给机器去完成。为此，人力被解放出来，从事更高级的工作，如创造新事物。在这样的时代背景下，孔子在几千年前提出的"有教无类，因材施教"的教育思想得以发扬光大，即我们要根据孩子的个性特点和兴趣特长培养孩子，而不要把孩子当成流水线上千篇一律的产品去对待。这是一个美好的时代，在这个时代里，人人都有机会发展自己的天赋，发挥自己的特长，实现自己的价值，证明自己存在的意义。

在现代教育中，不管是学校教育还是家庭教育，都要以发现孩子的天赋为首要任务，因为只有以此为基础，孩子才能得到长足的发展。在天赋教育中，父母要成为孩子的伯乐，而不要去规划孩子的人生。太多父母给孩子报各种兴趣班，却从来不问孩子真正的兴趣是什么，最终浪费了金钱，浪费了孩子宝贵的时间和精力，却没有显著的效果。父母要做的是尊重孩子的本性，发挥孩子的优势，这样，孩子才能从人群中脱颖而出，成为独特的自己。

培养孩子的习惯力

每个人的生命的主体组成是习惯，是一系列习惯。每个习惯都是训练出来的，必须符合训练四要素：高大上的教练、正确的教育原理和方法、可塑的学生、有规律地坚持。教育是由一系列训练组成的。

接下来，我们分享一位学员的学习心得。

我叫康智捷，正在读初二，一次偶然的机会参加了2019年樊祖安老师举办的训练营。经过几次训练，我获得了很大进步。记得刚刚进入训练营的时候，我压根儿不敢上台发言，现在的我如同打开了话匣子，一旦走上讲台就不愿意下来，因为我会自信地侃侃而谈，丝毫没有意识到时间的流逝。

训练营是如何改变我的呢？过去的我特别内向自卑，特别害羞，不敢当着他人的面说话，也无话可说。现在，我特别自信，生活和学习都越来越有规律，我还制订了学习计划，大大提升了学习成绩。我意识到，我以前在学习方面很落后，一是因为没有找到学习规律，不知道学习的门道。现在，我参加了训练营，安炳先老师耐心细致地给我们讲解了康奈尔笔记学习法，让我在学习上得以突飞猛进。二是因

为我没有养成良好的学习习惯。以前的我很爱拖延，对能拖延到明天做的事情，绝不会在今天提前完成。我写作业还很马虎，总是敷衍了事，对待作业的态度也很不端正，认为写作业毫无意义。现在，我知道了作业是检验课堂效果的金标准，认真细致地完成作业不但可以证明我们通过课堂学习收获了什么，还可以帮助我们巩固在课堂上所学的内容。最重要的是，我还养成了及时复习和预习的好习惯，每天课程结束后，我都会复习当天所学的内容，并且预习次日要学的内容。良好的学习习惯使我在学习方面效率倍增，现在的我不管走到哪里，不管面对谁，都可以骄傲地分享自己的学习心得。

习惯具有强大的力量，这种力量总是在不知不觉间发生作用，这也就意味着，习惯会驱动我们在无意识的状态下做好很多事情。看到这里，很多父母就会恍然大悟：难怪大家都说习惯如此重要呢。

的确，习惯就是如此重要，习惯甚至会改变我们的命运。作为父母，要想卓有成效地提升孩子的学习成绩，要想孩子在学习和生活中做出更好的表现，一味地盯着孩子是远远不够的，因为父母不可能每时每刻都盯着孩子。一劳永逸的方法是帮助孩子养成好习惯。

也许养成习惯的过程是痛苦的，但是习惯一旦养成，父母就无须再督促孩子，更不需要为了促使孩子学习而与孩子之间爆发矛盾和冲突。养成好习惯的孩子，每天放学回到家里就会开始写作业，他们不需要父母的陪伴和监督；他们完成作业特别认真，不会做的题目会去向父母求助；他们会主动地坚持阅读，如每天晚上读半个小时书等，日积月累，他们在学习方面的表现就会越来越好。此外，孩子的好习惯也表现在生活方面。例如，有些孩子作息没有规律，常常到很晚才会入睡，早晨迟迟醒不来，导致上学经常迟到。如果父母每天早晨都要叫孩子好几遍，又要帮助孩子穿衣服，孩子才能起床，那么早晨就会变得更加忙乱。明智的父母会发现，当孩子一直坚持早睡早起，他们早晨甚至不需要唤醒，就会自主地醒来，穿衣服、洗漱，把自己照顾得很好。这样一来，父母就会更加省心、省时、省力。

好习惯是如此重要，所以父母一定要打造孩子的习惯力。拥有习惯力的孩子是很强大的，渐渐地，他们还会把习惯力变成内驱力，以此驱动自己获得进步和成长。

磨炼孩子的意志力

如果你的心中想到失败，你就失败了，因为你没有必胜的决心，纵使你想要得到胜利，只要浮现失败的字眼，胜利就不会向你微笑。如果你不认真行事，你就失败了，成功起源于人类的意志力，一切皆由人类的精神状态决定。如果你想到落后，你就落后了。如果你想要

晋升到最高地位，在胜利到手之前必定要拥有我一定做得到的信念。人生的战果，并非强势和快速就能得到，所有最后获得胜利的人都是坚信我一定要做到的人。

在这一篇里，我们要分享一位学员的学习心得。

大家好，我叫刘凯琳，这是我第三次参加训练营了。前两次参加训练营，我收获了很多，我不但学会了康奈尔笔记法，掌握了更多的学习方法，还学会了绘制思维导图。有这些很好的学习方法为我提供助力，我的思维更加清晰。最重要的是，各位老师还为我们梳理了知识点，总结了学习体系。这些都是老师讲课的精髓，我们每一位学员都如饥似渴地吸纳着。

通过前两次在训练营里的学习，我意识到学习是需要坚持的，需要顽强的意志力并且坚持不懈。学习就像是在沙漠里徒步，只要坚持到底，决不放弃，我们就一定能够到达终点；相反，如果我们因为觉得累或者感到口渴，轻而易举就放弃了，那么就会半途而废。

和很多第一次参加训练营的同学不同，我已经是老学员了，我参加过两次训练营，不过我并不感到乏味，因为每次参加训练营，我的收获和感受都是截然不同的。这次，我决定以助教的角色参加训练营，从而培养自己的领导能力和组织协调能力，此外，也可以借此机会认识更多的伙伴。

对于孩子而言，学习从来不是一件简单容易、轻轻松松就能做好的事情。学习的道路是漫长的，学习的过程是艰难而又曲折的。在上述分享中，小学员能够意识到学习就像在沙漠里徒步，必须坚持不懈才能到达终点，这可以说是他两次参加训练营最大的收获。当有意识地挑战自己，磨炼自己的意志力时，这位小学员在学习方面就会有更加出色的表现。因为他已经从被动学习，转化到主动学习了。

世上无难事，只要肯登攀。对于孩子而言，学习不仅像是在沙漠里行走，也像是在攀登高山，必须一步一个台阶地向上爬。站在山脚下向山顶看，孩子一定会觉得山很高，高得仿佛永远也不能达到顶部，但当真正开始行动，努力攀登的时候，孩子又会发现，山虽然高，却并非高不可及。正如人们常说的，这个世界上没有脚不能抵达的路，也没有比人更高的山。当我们从不懈怠地前行、攀登，最终会到达遥远的终点，也会抵达最高的山巅。

很多细心的父母发现，如今很多孩子都缺乏意志力。这是为什么呢？这是因为他们在家庭生活中衣来伸手，饭来张口，从来没有承担过重任，也从来没有为一些事情为难过。父母爱孩子如心尖子、命根子，总是自发地为孩子提供所需要的一切，也满足孩子所有的要求，孩子顺风顺水地长大，很少真正领悟到生活的艰难，这同时也使得孩子缺乏意志力，承受挫折的能力也很差。在这种情况下，父母要有意识地锻炼孩子各个方面的能力，也要想方设法地磨炼孩子的意志。

例如，对于孩子自己能做的事情，一定要交给孩子独立完成；对于孩子有能力争取做到的事情，要鼓励孩子凭着自己的努力实现目标；对于超出孩子能力范围的事情，不妨也鼓励孩子去做，虽然孩子可能

会失败，但对孩子而言，失败的打击也是难得的人生经验。有些孩子面对小小的困难和挫折就会打退堂鼓，根本不愿意去尝试，这使得他们畏畏缩缩，特别胆小。其实，越是在艰巨的、看似难以完成的任务面前，孩子越是应该全力以赴，争取做好。当孩子表现出犹豫不决时，父母一定要积极地鼓励孩子，帮助孩子形成自信心。

在这个世界上，没有谁的人生能够一帆风顺，也没有谁能够把每一件事情都做得非常完美。活着，原本就是一场修行，我们既要欣赏沿途的美景，也要在遇到障碍的时候勇敢地翻越。父母不可能永远作为孩子的盔甲，孩子唯有拥有顽强的意志力，才能在人生的道路上畅行无阻。

培养孩子的自控力

自控力，顾名思义就是一个人对自己的掌控能力。初看这个标题，很多父母也许会感到不以为然——每个人都能够控制自己。那么试问爱美的妈妈：当你们为了减肥而节食的时候，有几次能够面对美食的诱惑毫不动摇，又有几次告诉自己吃饱了有力气减肥呢？再试问那些爱喝酒的爸爸：在面对美酒的诱惑时，你们几次情不自禁地端起酒杯一饮而尽呢？虽然很多人觉得想要改变别人很难，想要控制自己应该是最容易的，但事实却是，很多人都因为缺乏自控力，根本无法控制自己。这就要求父母要有意识地培养孩子的自控力，让孩子成为自己的主宰。

一个人如果连自己都不能主宰和掌控，又能做好哪些事情呢？换言之，一个人必须先掌控自己，才有可能掌控自己的人生，掌控自己的世界。由此可见，培养孩子的自控力是极其重要的。

很久以前，有个男孩特别爱发脾气。他每天都要发若干次脾气，常常因为发脾气而伤害自己，也伤害身边的人。眼看着男孩一天天长大，父亲意识到男孩不能再这样下去了，因而想出了一个办法帮助男孩控制坏脾气。

这天晚上，父亲回到家里，拿着一口袋钉子和一个锤子。男孩看到父亲拿回来的东西一头雾水，压根儿不知道这些东西是做什么的。看到男孩疑惑的表情，父亲主动告诉男孩："以后，你每发一次脾气，就要在你的衣柜上钉一根钉子。"男孩诧异不已，说："那可是我的衣柜。"父亲淡然地说道："衣柜虽然很值钱，但没有人心值钱。你要是不能戒掉坏脾气，将来不知道要伤多少人的心呢！"男孩恍然大悟，原来，父亲是要以这样的方式让他控制坏脾气。

就这样，男孩每次发脾气都会在衣柜上钉一根钉子。才一天过去，衣柜上就多了十几根亮闪闪的钉子。看着一长排钉子，男孩瞠目结舌，他从来不知道自己在短短一天的时间里，居然生气这么多次。这个时候，父亲语重心长地对男孩说："看看吧，这就是你钉钉子的速度。如果你能控制一下自己的坏脾气，少生气几次，衣柜上就会少几根钉子。"最初的时间里，每天衣柜上都要多出很多根钉子。随着时间的流

逝，男孩渐渐意识到坏脾气给自己和他人带来的伤害，有意识地控制生气的频率，尽量保持情绪愉悦。

一年之后，男孩有一天一次气都没有生，他兴奋地冲着爸爸喊道："爸爸，我今天没生气。"爸爸很惊喜，对男孩说："从现在开始，你如果能够做到一天都不生气，就从衣柜上拔掉一根钉子。"钉上钉子容易，拔掉所有的钉子却很难。男孩用了两年多的时间，终于拔掉了所有的钉子。然而，衣柜上千疮百孔，再也不能复原了。父亲对男孩说："很多时候，你生气了，很快就又不生气了，你就像没事人一样与身边的人相处，却没想过你生气的钉子就这样在他人的心中留下了或深或浅的伤痕，难以消除。"男孩羞愧地低下了头，从此之后，他再也不乱发脾气了，内心变得越来越平和，整个人也变得越来越强大。

很多孩子都很容易情绪冲动，甚至失控，因此做出很多过激的举动。有些孩子的情绪来得快，去得也快，却在不知不觉间给身边的人带来了难以消除的伤害；有些孩子会沉浸在负面情绪中无法自拔，感到绝望沮丧，内心充满了挫败感，这样一来坏情绪就会严重影响他们的身心健康。对于孩子而言，要想成为真正强大的人，就要先拥有强大的内心。如果总是任由情绪的洪峰淹没自己，那么孩子就无法真正地走向心智成熟。

在孩子小时候，父母就要有意识地培养孩子的自控力。例如，在孩子提出要求时，父母不要第一时间就满足孩子的要求，而是要对孩子进行延迟满足训练，这样孩子就能控制自己的心情，避免自己过于心急。有心理学家经过研究发现，那些在延迟满足训练中表现良好的孩子，长大之后也有很好的表现，而那些不能延迟满足自己的孩子，则表现平平。这实际上是自控力在发挥作用。

要想培养孩子的自控力，父母首先不能冲动，不能给孩子树立坏榜样。父母是孩子的老师，孩子是父母的镜子。当发现孩子情绪容易冲动时，父母首先要反省自身的情绪表现，从而才能及时调整自己的情绪状态，让自己做得更好。此外，在家庭生活中，孩子会受到父母潜移默化的影响，所以父母更是要控制好情绪。在亲子相处的过程中，如果父母情绪失控，还会给孩子带来很多伤害。总而言之，从各个方面来看，父母都要拥有自控力，保持好情绪，才能给孩子正面的影响和积极的力量。

激发孩子的自信力

孩子最重要的三项修炼：自信力、支撑力和碰撞力；幸福最重要的三项修炼：宽恕力、放空力和自在力。总之，人生皆因心力强大而绽放，因心力脆弱而陨落。一个孩子从出生到长大需要至少5000次的表扬和确认，如果从0岁开始算，一年365天，每天确认表扬一次的话，需要13.7年孩子才会成长为一个有自信、有价值的人，成年后的幸福感远远高于没有得到过5000次确认的孩子。

放下你的条条框框，爱孩子是无条件的，你做到了吗？给大家分享一篇影响我本人至深的文章，我第一次读到时落泪了……

卓别林大师70岁生日写给自己的《当我，开始真正爱自己》：

当我开始真正爱自己
我才认识到
所有的痛苦和情感的折磨
都只是提醒我
活着，不要违背自己的本心
今天我明白了，这叫作
“真实”
当我开始真正爱自己
我才懂得
把自己的愿望强加于人
是多么的无礼
就算我知道，时机并不成熟
那人也还没有做好准备
今天我明白了，这叫作
“尊重”
当我开始真正爱自己
我不再渴求不同的人生
我知道发生在我身边的事情
都是对我成长的邀请

如今，我称之为
“成熟”
当我开始真正爱自己
我才明白，我其实一直都在正确的时间
正确的地方
发生的一切都恰如其分
由此我得以平静
今天我明白了，这叫作
“自信”
当我开始真正爱自己
我明白，我的思虑让我变得贫乏和病态
但当我唤起心灵的力量
理智就变成了一个重要的伙伴
这种组合我称之为
“心的智慧”
我们无须害怕自己和他人的分歧、矛盾和问题
因为即使星星有时也会碰在一起
形成新的世界
今天我明白了，这是
“生命”

在这一章里，给大家再分享两篇学员的心得。

各位伙伴们，大家好，我是胡俊祥，在这次的训练营中，我的角色是助教。我为何想当助教呢？是因为此前我在当学员的时候，得到了助教老师很大的帮助。正是因为有助教老师的帮助，我在整个学习的过程中都非常开心，不但结交了很多朋友，还学会了上台演讲。

其实，在刚刚成为学员的时候，我特别胆小，特别害怕，不敢做任何事情，甚至不敢和其他学员打招呼。后来，我听完了樊老师四天三夜的课程之后，感觉自己有了很大的变化，我变得特别自信，充满活力。在这个过程中，助教老师一直在鼓励我，给予我信心和勇气。之前我简直不敢相信自己在那么短的时间内会有这样翻天覆地的变化，但是现在我对上台演讲轻车熟路，毫不畏惧，甚至还怀着期待呢！

正因如此，我这次才想来当助教。一则我想证明自己的能力；二则我也想像之前帮助我的助教那样，帮助更多胆怯的学员勇敢地走上讲台，勇敢地进行演讲。

大家好，我叫刘浩轩，在上一届训练营里，我还是学员。但是，在这一次训练营里，我已经是助教了。

进入训练营之前，我特别胆小，压根儿不敢上台演讲，即使上了台也磕磕巴巴地说不出一句完整的话来。

在来训练营之前，我并未抱多大的希望，因为人人都说江山易改，禀性难移，而且学习和成长也并不是那么容易的事情。出乎我的意料，在训练营里，我学到了很多知识，也遇到了很多朋友，还见识到有很多比我更加优秀的人，我应该虚心向他们学习。

尤其是上了樊老师的课程之后，我感觉自己的进步非常大，我学会了如何在舞台上说话，如何在舞台上开心地展现自己。在上了安老师的课程之后，我学会了如何学习，如何提升自己的成绩。总而言之，训练营带给我的成长和进步是全方面的。在这里，我学到了很多东西，所以，我下定决心来当助教，因为我知道还有很多同学和我一样胆小，他们也和曾经的我一样第一次来到训练营，他们需要帮助。

在这两篇心得里，我们可以看到孩子们是充满自信的。他们之中，有的人在参加了一期训练营之后，就来当助教了；也有的人是在参加了两期训练营之后，才来当助教的。不管是参与了一期训练营，还是参与了两期训练营，孩子们的进步、改变是毋庸置疑的，所以他们才能从不敢走上讲台，到勇敢地站在讲台上演讲，不得不说，这是华丽的蜕变。现代社会，要求人才必须全面发展，必须能够推销自己。一个人哪怕有满腹才华，却像茶壶里煮的饺子一样倒不出来，那么他就很难成长和进步，也没有机会展现自己的能力，证明自己的才华。唯有真正做到不卑不亢，落落大方，孩子才会有杰出的表现。

作为父母，固然要认识到每个孩子都不是十全十美的，却也要认识到孩子是有很大的潜力可以挖掘的。当父母为孩子提供更好的条件，并把握住契机激发孩子的潜能，孩子的表现就会让父母刮目相看。

没有任何事情比保持在自信状态更重要的了。一个人为什么想不出自己要什么？因为你根本就没有自信的状态，当你在沮丧、难过、

愤怒、负面的情绪之下，你对未来的看法是什么呢？除黑暗之外，还能有什么呢？为什么你拥有了目标，但依然遇到一点困难挫折就退缩或放弃呢？还是因为自信。

想象一下，当你状态非常好的时候，遇到任何问题，都会迎难而上，充满勇气以及自信。

但是，当你状态不好的时候，即便是今天什么事都没有发生，你都会觉得充满挑战。

所以，孩子学会如何持续保持在巅峰状态、自信状态就是生命中最成功的关键。

增强孩子的宽容力

孩子小时候在家庭中生活，得到父母和长辈无尽的宠爱，他们要风得风，要雨得雨，很少有不如意的地方，更少受到伤害。然而，随着孩子一天天长大，他们必然要面对生活的不如意，也会在与人交往的过程中，受到他人有意或者无意的伤害。在这种情况下，如果孩子总是和他人斤斤计较，对他人不能怀有宽容的心，那么他们就会失去朋友。

孩子面对伤害要区分对待。例如，面对那些无意的伤害，如果没有造成严重的后果，要选择原谅；面对那些故意的伤害，孩子则要学会保护自己，不要纵容他人继续伤害自己。当然，孩子要学会与同学、朋友相处，不要让自己一直活在伤害里，更不要让自己一直活在对他人的憎恨里。当时间治愈了伤痛，孩子是可以选择宽容和原谅的。

遗憾的是，一些孩子从小娇生惯养，在家庭生活中唯我独尊，他们很少会选择谅解他人。他们以自我为中心，不管考虑什么问题都会优先想到自己，不管面对怎样的困境首先照顾到自己的感受，而很少体贴和理解他人。长此以往，孩子就会越来越自私，心思也会变得很狭隘。作为父母，在孩子小时候就要有意识地培养孩子的宽容心，让孩子学会宽容他人，也学会放过自己。

春秋时期，鲍叔牙和管仲是知心好友。因为知道管仲家里生活艰难，所以鲍叔牙拿出本钱和管仲一起做生意。做生意赔了钱，鲍叔牙不让管仲承担损失；做生意赚了钱，鲍叔牙则只拿一小部分利润，而把大部分利润都给了管仲。得知这件事情，鲍叔牙的很多朋友和家人都为他鸣不平。鲍叔牙却淡然地说："管仲不贪财，他是经济拮据，实在没办法才这么做的。"

有几次，管仲帮助鲍叔牙做事情，结果都不好。和鲍叔牙相比，管仲做事情没有那么周全。后来，他三次做官，都以被撤职而告终。大家对此议论纷纷，都说管仲的才华远在鲍叔牙之下。听到人们对管仲的质疑，鲍叔牙解释道："管仲才华横溢，只是还没有找到施展的舞台罢了。"

后来，管仲和鲍叔牙一起参军打仗。每当到了要冲锋陷阵的时候，管仲总是躲在后面，而到了撤退的时候，他却跑得比谁都快。看到管仲贪生怕死，大家都对他嗤之以鼻，鲍叔牙再次为管仲解释道："管仲特别勇敢，他只是惦记着家里的老母亲。”

就这样，鲍叔牙和管仲的友谊越来越深厚。遗憾的是，鲍叔牙和管仲却走上了不同的道路，各为其主。鲍叔牙成为齐国公子小白的谋士，管仲却成为齐国公子纠的谋士。在齐国国君去世之后，两位公子都想抢先回到齐国继承王位。管仲驱车拦截小白，射中了小白的腰带，小白装死骗过管仲的追杀，抢先回到齐国继承了王位，小白就是齐桓公。公子纠抢夺王位失败，被齐桓公杀掉，齐桓公知道管仲是公子纠的心腹，囚禁了管仲。齐桓公始终记得管仲对他的一箭之仇，他刚刚登上王位，就拜鲍叔牙为相，并要求杀了管仲。

鲍叔牙辞掉相国之位，极力向齐桓公推荐管仲，并且说管仲的才华远在自己之上。看到管仲得到鲍叔牙的力荐，齐桓公决定不计前嫌，拜管仲为相国。从此之后，管仲终于找到了自己施展才华的舞台，在他的大力辅佐之下，齐桓公成为春秋五霸之一。

如果鲍叔牙小肚鸡肠，斤斤计较，就不会对管仲这么好，更不会推荐管仲成为相国。在管鲍之交这段佳话里，管仲的才华固然令人刮目相看，鲍叔牙的宽容大度更令人钦佩。

因此，孩子不但对朋友要怀有宽容之心，对身边的其他人也要宽容。例如，原谅那些伤害自己的人，对仇人以德报怨等，这都会让孩子拥有好人缘。作为父母，不要总是担心孩子会因为心地单纯善良而吃亏，俗话说，吃亏是福，说不定孩子在吃亏之后反而得到更大的福气和善报呢。

第九章
为人处世：
漫漫人生，不再踯躅独行

在这个世界上，没有谁可以完全独立地生存。尤其是在分工与合作越来越密切的今天，孩子们要想有所成就，要想创造自己的价值，就必须将自己微薄的力量融入团队中，这样才能像一滴水融入大海那样，让自己变得宽阔博大，也不再孤独寂寞。

鼓励孩子结交朋友

每个孩子都喜欢和朋友在一起玩耍，尤其是喜欢和同龄人相处。这是为什么呢？一则因为成人哪怕怀着赤子之心陪伴孩子，也不能和孩子一样充满童真童趣，无法真正与孩子产生共鸣。二则孩子和同龄人相处，可以与同龄人相互学习，相互促进，共同成长。由此可见，同龄人的陪伴对孩子而言是不可或缺的。

遗憾的是，现实社会中，很多孩子都没有同龄人陪伴，这是由家庭的结构决定的。现在，孩子是在很多成人的精心呵护下长大的。父母很少能够体会孩子的孤独和寂寞，反而认为孩子有吃、有喝、有玩具，应该特别快乐。

孤独成长的后果在孩子进入幼儿园后会表现得很明显。例如，孩子不懂得分享，不会友好地对待小朋友，常常因为和小朋友抢夺玩具而发生矛盾。在这种情况下，幼儿园的生活起初并不愉快。很多孩子都要经过很长时间的调整，才能适应集体生活。如果父母在孩子入园之前就经常让孩子和同龄人一起玩耍，让孩子学会人际交往，学会分享，那么孩子的表现就会更好。为了做到这一点，父母一定要鼓励孩子多多结交朋友，也要教会孩子与朋友相处的很多好方法。

首先，要鼓励孩子与同龄人搭讪。与陌生人搭讪，即使对成人而

言也是一项很难掌握的人际相处技巧。这是因为大多数人对陌生人都怀有排斥和抗拒的态度。孩子固然要有防范陌生人的警惕心理，但也要学会主动结交更多陌生的同龄人。

其次，教会孩子如何表示友好。一些孩子在家庭生活中得到了父母不正确的教育和引导，在想和陌生的小朋友玩或者想对陌生的小朋友表示友好时，他们会以攻击的方式进行，这是很糟糕的。没有人愿意受到攻击，不但其他孩子不愿意，其他孩子的家长也不愿意自家的孩子被欺负。所以，在看到孩子表现出攻击和暴力倾向时，父母要反思自己对待孩子的方式方法是否有问题，在这个前提下，再引导孩子学会友好相处，这样双管齐下的效果会更好。

再者，尊重孩子的朋友。有些父母认为孩子还小，不懂得什么是社交，只是今天和这个小朋友玩，明天和那个小朋友玩。其实，父母有这样的想法是错误的，如果父母不懂得尊重孩子的朋友，就会伤害孩子的心。孩子虽然小，也很爱面子，他们希望自己的朋友能够得到父母的重视和善待，当父母坚持这么做，也可以增进孩子之间的友谊和情感。

最后，当孩子之间发生矛盾的时候，父母不要随意介入，而是要让孩子独立处理好问题。当发现问题比较复杂或者棘手，孩子没有能力处理的时候，父母再给予孩子帮助，协助孩子处理好问题。有些孩子在一起玩是没有规则的，对此，父母还可以启发孩子一起协商制定规矩，这对在一起玩耍时保持良好状态是极其有利的。

还有些父母不允许孩子和学习不好的同学在一起玩，不允许孩子和不懂得分享的孩子交往。其实，只要孩子的朋友品行端正，不会故意伤害孩子，父母就不应该对孩子的交友加以限制。朋友，是一生的陪伴，孩子小时候和朋友在一起玩闹，等到长大了，就会彼此依靠。父母终有一天会老去，无法继续陪伴在孩子身边，但是朋友会陪伴孩子一生一世。

在现实社会中，人脉资源被提升到更高的高度，更多的人意识到丰富的人脉关系就是财富。那么，与其等到需要帮助的时候求人无门，不如在日常生活中多结交朋友，积累人脉，这才是明智之举。不管从哪个方面来看，孩子都是需要朋友的，父母赶快行动起来，为孩子创造机会结交朋友，也为孩子广交朋友助力吧！

让孩子学会分享

世界肝胆科专家吴孟超院士曾说：“这个世界上不缺乏专家，不缺乏权威，只缺乏一个人，一个肯把自己给出去的人。”让孩子学会分享，我们先来分享一位学员的心得。

我是王天宇翔，这次到训练营是来当助教的。我为何要成为助教呢？因为至今我依然记得自己第一次来到训练营时的情形。

刚刚来到训练营的时候，我显得与他人格格不入。训练营里的其他同学都很活跃，他们积极地争取机会上台表演，我与他们形成了鲜明的对比，因为我始终安安静静地坐在下面。助教老师发现了我的异

样，耐心地告诉我："其实，上台并没有那么可怕。你也许会有一些害怕，但它就像打针那样，只疼一下，就不疼了。所以，如果你能够鼓起勇气战胜内心的恐惧，那么你就不会再害怕，反而会享受在讲台上的感觉。"

助教老师对我特别有耐心，又因为助教老师和我年纪差不多大，曾经也是学员，所以得到他的鼓励之后，我渐渐不再惧怕上台了。上台之后我才发现，在台上进行演讲或者是表演，真的能够快速提升我的自信心。我整个人的状态都变了，我不再畏缩胆怯，也不再试图逃避，我一次又一次勇敢地走上台，我在台上展示自己的才艺，让更多的同学熟悉和了解我。就这样，我从当初没有朋友到现在有了很多朋友，我发自内心地感谢助教老师，也意识到为何训练营会特意设置助教老师的岗位，并且规定助教老师要由学员担任。

意识到我们训练营的良苦用心，我积极地报名来当助教。我知道，通过这样的方式，我可以帮助更多学员。当那些学员像曾经的我一样害羞胆怯时，我也知道如何能帮助他们敞开心扉，鼓起勇气。

孩子们走入训练营，不但收获了知识，掌握了学习方法，增强了胆量，也感悟到分享的快乐。他们先是得到助教老师的帮助，有了很大的进步，继而就会想到自己也应该承担起助教的工作，以同样的方式把精神和力量传承给更多的人，让他们也因此而受益。

如今，很多孩子都缺乏分享精神。小时候，他们不愿意与别人分享玩具和美食；长大后，他们不愿意和别人分享劳动的成果。例如，学习的心得和感受，也不愿意慷慨地伸出援手，帮助他人。人是社会性动物，每个人都要在社会生活中扮演好自己的角色，都要与他人进行亲密的互动，如果总是以自我为中心，明哲保身，不愿意介入他人的事情，也不愿意为这个社会注入爱与温暖，那么整个社会就会越来越冷漠，人与人的相处也会面临很大的困境。

作为父母，怎样做才能培养孩子乐于分享的精神呢？

首先，在孩子小时候，父母要学会和孩子分享。在很多家庭里，父母不管有什么好吃的还是好玩的，都会先给孩子吃，给孩子玩。总而言之，父母理所当然地认为家里的一切优质资源都归属于孩子，渐渐地，孩子就会变成小霸王。也有的父母会逗弄孩子，他们看到孩子拿着一个好吃的，请求孩子给自己吃一口，但是，在年幼的孩子经过很艰难的思考终于舍得给他们吃一口时，他们却哈哈大笑起来，对孩子摆摆手，说："妈妈不吃，你吃吧。"长此以往，孩子就会误以为爸爸妈妈不喜欢吃他吃的东西，等到再吃东西的时候，他就不会再与爸爸妈妈分享。正确的做法是，不管多么昂贵或者稀罕的东西，父母都要和孩子分享，而不要让孩子吃独食。否则，孩子习惯了在家里吃独食，就不愿意再与别人分享了。

其次，父母要引导孩子和小朋友一起玩，分享玩具与美食。如果说与父母分享并不意味着孩子真正具备了分享的意识，那么父母还要引导孩子与小朋友一起分享。刚开始时，孩子也许会抵触，那么可以教会孩子进行交换。在交换的过程中，孩子渐渐地就会发现，原本他们只能品尝到一种美食，却因为交换可以吃到好几种美食；原本他们

只能玩自己的玩具，却因为交换可以玩到不同小朋友的玩具。意识到这一点之后，孩子交换的兴趣会越来越浓郁，渐渐地，孩子就乐于分享了。

再者，父母要做好孩子的榜样，也成为乐于分享者。在家庭生活中，父母之间要乐于分享，年轻人也要乐于与同住的老人分享。当孩子生活在因为分享而其乐融融的家庭环境中，他们自然而然就乐于分享了。

最后，培养孩子慷慨大方、乐于助人的品行。很多孩子都特别小气，他们分享，是为了得到他人的回报，这样的分享不是真正的分享。那么，在家庭生活中，父母要表现得更加慷慨大方，让孩子知道付出不应该奢求得到回报。当身边有人需要帮助的时候，父母还要告诉孩子主动地帮助他人。例如，给他人提供物质帮助；再如，拼尽全力辅助他人做好一件事情。这些都是爱分享的表现，当孩子养成了这样的好习惯，他们的一生都会因此而受益。

教孩子不在背后议论他人

孩子要想发展良好的人际关系，就要提升自己做人的格调。例如，不在背后议论他人，就是难得的格调。

细心的父母会发现，孩子在小时候特别喜欢把自己与他人比较。换言之，他们的眼睛常常盯着他人说了什么，做了什么。正因如此，在小学低年级，很多孩子才会成为“告状大王”，只要看到班级里有某个同学表现不好，比如说错了一句话或者做错了一件事情，他们就会马上去老师告状。随着年龄渐渐增长，这些爱告状的同学在班级里的口碑却急转直下，原来，同学们都不喜欢与爱告状的孩子交朋友。

除喜欢向老师告状之外，孩子们在一起三言两语，说的都是他人的是是非非和长长短短。当发现孩子有这样的苗头时，为了避免孩子的坏习惯越来越严重，父母一定要告诉孩子不能在背后议论他人的道理，也要引导孩子真正做到这一点。

周末中午，家里吃火锅，妈妈准备了一大桌子食材，有新鲜的蔬菜、美味的虾仁、鲜美的羊肉，还有很多各具特色的丸子。看到桌子上摆满了好吃的食物，哲哲忍不住围着桌子转起圈来，不止一次地问妈妈：“妈妈，好了吗？”妈妈宠溺地回答哲哲：“好啦，马上就可以开吃啦，你这个小馋猫，先去洗手吧！”在妈妈的提醒下，哲哲火速去洗手，又火速回到餐桌旁坐好。

很快，全家人围绕在餐桌旁其乐融融地吃着火锅，说起了家长里短，不亦乐乎。爸爸问妈妈：“最近怎么没看到你穿新买的那双鞋子？”妈妈说：“那双鞋子只穿了一次，我不是有很多鞋子吗，就放起来了。”爸爸说：“买了就穿吧，不要舍不得，放放，都放旧了。”这个时候，妈妈突然想起来什么，大声说：“你不说鞋子，我都忘了一件事。”爸爸听说鞋子还有话题，好奇地问妈妈：“发现什么了？”妈妈说：“哲哲还有两月就放暑假了，这也上了小一年的学了。我告诉你，我每次去

接哲哲，都看到他们班级里王娜的妈妈穿着同一双鞋子，那双鞋子本来是黑色的，边上都发白了，也不擦洗擦洗，我就纳闷儿了，难道她只有一双鞋子吗？”爸爸说：“其实，我也总穿一双鞋子，换来换去麻烦，穿旧鞋子还舒服呢。”妈妈对此却有不同看法，当即反驳道：“你是男人啊，反正男人换鞋不换鞋都看不出来，因为鞋子的样子差不多，但是女人可不同，哪个女人没几双鞋子。况且，一年四季都穿同一双鞋子，在四季分明的地方也行不通吧。”这个时候，一直闷头吃肉的哲哲抬起头来，不满地对妈妈说：“妈妈，你不是告诉我不能在背后议论他人吗？你怎么就喜欢这样啊。”

妈妈被哲哲批评，当即意识到自己当着孩子的面在背后议论他人，尤其是议论孩子同学的妈妈是很不好的。于是，她马上承认错误，连声说道：“哎呀，对不起，对不起，我承认错误，积极改正。”有了这次教训后，妈妈渐渐地改正了这个坏习惯，不管是否当着哲哲的面，都很少议论他人了。

作为父母，也许会给孩子讲很多大道理，但是当轮到自己做很多事情的时候，就会把道理完全忘记了，不知不觉间就会犯错误。就像这个故事中的哲哲妈妈，虽然她早就告诉哲哲不能背后议论他人，但是自己在不知不觉间犯了这个错误。不过，妈妈认错的态度还是很积极的，这样才能避免给孩子造成不良影响。

在背后议论他人，是非常不礼貌的行为。在家庭生活中，父母如果不想给孩子带来负面影响，首先要做到，既不要当着孩子的面议论他知道的人，也不要当着孩子的面议论他不认识的人。其实，最好的做法就是彻底改掉背后议论他人的坏习惯，否则，总会有一不小心当着孩子的面议论他人的情况发生。

此外，当孩子背后议论他人的时候，父母如何告诉孩子这是不好的行为呢？父母可以引导孩子设身处地地想一想，如果有人在背后议论他们，他们会作何感想，尤其是在说一些关于他们不好的话，他们又会多么受伤。当这样设想过之后，父母还可以告诉孩子“己所不欲，勿施于人”的道理，那么孩子就会对很多事情都有更深入的了解和感受。

人与人相处，只有做好很多细节，才能更加和谐，如果细节做不好，导致彼此的关系出现裂痕，那么再想修复关系就会很难。父母从小就教孩子做人做事的道理，孩子才会在社交中表现得更为得体，更有礼貌，也更受人欢迎。

让孩子学会原谅

有位名人说过，生气是用别人的错误惩罚自己。为此，很多成人都以此来劝说自己不要生他人的气，不要用他人的错误惩罚自己。孩子可不会想得这么透彻，他们很随性，一旦遇到不开心的事情，就有可能生气。在这种情况下，教孩子学会原谅很重要。因为如果孩子只要生气就不再理睬朋友，那么日久天长，孩子的朋友就会越来越少。

孩子们在一起相处，难免会磕磕碰碰，尤其是年纪比较小的孩子，产生矛盾更是常有的事情。在孩子发生矛盾的时候，如果孩子能够独立解决矛盾，那么父母切勿介入其中；如果孩子没有能力解决问题，那么父母要协助孩子解决，也可以借此机会让孩子学会宽容，学会谅解。古人云，金无足赤，人无完人。在这个世界上，没有任何人是绝对完美的，面对他人的小小错误，我们一定要有博大的胸怀。有的时候，即使被他人故意伤害，在他人真诚地道歉之后，孩子也应该学会遗忘。

清朝康熙年间，桐城人张英在朝廷里做官。他的官职很高，不但是文华殿大学士，还兼任礼部尚书。张英独自在朝廷里做官，他的亲人们都在桐城生活。张英在桐城的家，与当地的另一个大户叶府是邻居。叶家之所以是大户，不仅仅是因为家底雄厚，也因为叶家的后人同在朝廷做官，有人官至侍郎。在朝廷里，张英与叶侍郎低头不见抬头见，关系还算不错。

在桐城，张家和叶家因为建造房子的事情谁也不愿意让着谁，就这样僵持起来。原来，叶家和张家之间虽然比邻，却有很窄的一条间隙相隔。现在，叶家趁着翻修宅院的机会，想要侵占这条间隙，张家当然不愿意。当地的县官虽然知道叶家没有理，但是既不敢得罪张家，也不敢得罪叶家，最终，此案悬置起来。张家老夫人很生气，当即写了一封信给张英，让张英为家里讨回公道。

张英看到母亲大人的来信之后，深感忧虑，当即给母亲回了一封信："千里修书只为墙，让他三尺又何妨？万里长城今犹在，不见当年秦始皇。"母亲接到张英的回信后，当即释然，让家丁把自己家的院墙退后三尺，重新修筑。看到张家如此宽宏大量，叶家不好意思得寸进尺，赶紧效仿张家的做法，也把自己家的院墙退后三尺，重新修建。这样一来，张家与叶家之间的小小间隙，反而变成了一条六尺巷。街坊邻居们再也不用绕过张家和叶家通行了，因为多了一条出行的通道。

六尺巷的故事之所以传为美谈，是因为张英明知道叶家想要侵占原本属于两家的土地，非但没有仗着自己位高权重，为自己家讨回公道，反而还主动退让三尺，这样的宽宏大量感动了叶家，使叶家也主动退让三尺。从此之后，六尺巷的故事广为流传。

在三国时期，周瑜因为不服气诸葛亮，最终发出"既生瑜，何生亮"的感慨，气得吐血身亡。周瑜不是被诸葛亮气死的，而是被自己心胸狭隘气死的。如果他能够拥有博大的胸怀，也就不会因为嫉妒诸葛亮而要了自己的性命。和周瑜相比，诸葛亮心胸开阔，所以他才能羽扇纶巾，气定神闲。

生活在这个世界上，很多人争来争去，不愿意宽容自己和他人，为此生了满肚子的气，其实，这是完全没必要的。父母在教育孩子时，就要从孩子小时候有意识地教孩子原谅，这样孩子才不会常常生气，更不会因为生气而导致人缘很差。既然生气是用别人的错误惩罚自己，那么，不生气也就意味着是在善待自己。

教会孩子遵守规矩

俗话说，“没有规矩，不成方圆”。在教育孩子的过程中，父母一定要学会为孩子制定规矩。举个简单的例子，有些父母每天晚上都要若干次催促孩子赶紧洗漱睡觉，但是孩子盯着电视没完没了地看，就是不愿意关掉电视，听父母的去做该做的事情，这是为什么呢？这是因为家庭生活没有规矩。如果父母提前制定规矩，也帮助孩子养成遵守规矩的好习惯，那么孩子就会知道到了几点钟必须洗漱、到了几点钟必须上床睡觉，父母也就不再需要天天浪费口舌，孩子也能自觉地把很多事情做好。

也许有些父母会说，为孩子制定规矩，教会孩子遵守规矩简直太难了，我宁愿每天晚上催促孩子洗漱。这么说的父母，一定没有掌握给孩子制定规矩的技巧。父母要意识到为孩子制定规矩是有策略的，只要掌握了策略，很多事情就会水到渠成。

第一点，父母不要只针对孩子制定规矩，而是要对所有家庭成员一视同仁。很多父母规定孩子晚上九点半睡觉，自己在晚上九点半的时候却在看电视，可想而知，孩子必然不会心甘情愿地去睡觉。为了让孩子遵守规矩，全家人都要遵守，这样即便孩子不想遵守规矩，也没有推脱的借口。

第二点，父母在为孩子制定规矩的时候要明确，切勿模棱两可。很多父母都低估了孩子钻空子的能力，他们在为孩子制定规矩的时候含糊其词，并不清晰明确，那么孩子就会钻空子做出有利于自己的选择，避免遵守规矩。当父母质疑孩子时，孩子振振有词地说出自己的理由，父母就会无可辩驳。

第三点，以身示范，遵守规矩。父母要带头遵守规矩，才能让孩子主动遵守规矩；如果父母带头破坏规矩，规矩对孩子就会毫无效力可言。

第四点，要明确规矩的底线，不要对孩子表示妥协。所谓规矩，就是在常规情况下所有家庭和成员都必须遵守的规则。有些父母看到孩子苦苦请求破例，因为一时心软就会选择对孩子妥协，让孩子下不为例。殊不知，当下不为例的次数太多，孩子就会对规矩心存更多的幻想，认为规矩是可以打破的。这样一来，他们怎么会严格遵守规矩呢？

对于以上四点，只要父母坚持，孩子就会更快地养成遵守规矩的好习惯。虽然养成习惯需要漫长的过程，但是习惯一旦养成就会产生持久的效力，使得父母养育孩子更加轻松。作为父母，也可以借助给孩子养成好习惯的机会，让自己养成更多好习惯，如按时吃饭、规律作息等，这些对于身体健康都是大有好处的。

帮助孩子养成遵守规矩的好习惯，对于孩子未来走入社会也有很多好处。很多孩子在社会生活中毫无规矩可言，想做什么就做什么，给人留下了极其糟糕的印象。例如，他们不喜欢排队，而是随意插队；他们不喜欢遵守社会公德，喜欢随地乱扔垃圾；等等。看起来这只是日常生活中的小事，却代表着孩子的素质和教养，也彰显出家庭教育的重要性。最重要的是，孩子在长大成人之后，必然要受到社会规则的约束，如果总是破坏社会规则，就会吃尽苦头。所以，不管是从眼前来看，还是从长远的角度来看，父母都应该给孩子制定规矩，也要教会孩子遵守规矩。

后 记

作为父母，我们当然希望自己的孩子能够幸福。然而，幸福是一种主观感受，完全取决于孩子自身的体验。我们想要给孩子幸福，却感到心有余而力不足；我们迫不及待地替孩子创造幸福的未来，孩子却并不领情。在这种情况下，何不把幸福的权利交还给孩子自己呢?因为只有孩子才知道自己想要什么，需要什么，也只有孩子自己才知道什么最能让自己感到幸福。

有了困境，你才会强大！有了绝境，你才更加强大！

从现在开始，感恩爱人，感恩孩子，感恩你身边的每一个人，感恩给你带来苦难、伤痛、迷茫的人，当你真正发自内心的感恩，一切的苦难都可以转化成祝福和最美好的结果，这就是所有苦难背后的真相。

父母不仅要让孩子做自己，父母也要做自己。父母与孩子在任何情况下都不应该是捆绑在一起的，而应该是彼此独立的。父母要做好自己，孩子才能做好孩子；父母要获得自己的幸福，孩子才会获得自己的幸福。作为父母，就与孩子永远幸福下去吧！